マルチアングル戦術図解

サッカーの戦い方

ディフェンダーとの駆け引きに勝つオフ・ザ・ボール

小井土正亮

はじめに

オフ・ザ・ボールを制する者こそ勝負を制す

　これまで私は指導者として多くのアマチュア、プロの選手たちを見てきました。そのなかで、一流の選手と、そうではない選手を分けるのはいったい何なんだろうと考えた結果、ボールを持っていないときの動き、つまりオフ・ザ・ボールの動きにあると考えるようになりました。

　トップ選手になればなるほど、ドリブルやパス、シュートなどの技術面、あるいはパワー、スピードといったフィジカル面の差は少なくなっていきます。そういう状況においては、いかにして良い形でボールを受けるか、それが大切になってきます。すごく高い技術を持っていて、ボールを持てば活躍するけれど、そもそも試合の中でボールを受けられない……そんな選手を数多く見てきました。現代のサッカーにおいては90分の試合時間のうち、選手がボールに触れている時間は2、3分、あるいはもっと短くなっていると言われています。極論かもしれませんが、勝負の7、8割はボールを持っていな

いところでの駆け引きで決していると考えています。少しでも相手より有利な形でボールを受けたり、相手の嫌がることをしたりする。つまり、ボールを受ける前のクオリティを高めることこそ、トッププレーヤーに必要なことではないでしょうか。

　一方で、オフ・ザ・ボールの動きを教えるのは非常に難しいとも感じています。練習や試合中の選手の動きを見るときは、指導者はどうしてもボールに集中してしまいがちです。オフ・ザ・ボールのときにその選手はいったいどんな景色が見えていて、なぜそう動き、なぜそう判断したのか……。それをリアルタイムで選手に問いかけるためには、ボールがないところでの選手の動きを指導者はよく観察する必要がありますし、ビデオで後日確認したとしても、選手はそのときのことを覚えていないことがほとんどです。オン・ザ・ボールのプレーに比べるとオフ・ザ・ボールの動きは選手の感覚的な面も

ありますが、オフ・ザ・ボールの動きの改善の重要性を誰もが理解していながらも解決できない現状を、どうにか変えるためのアプローチをしたいと思っていました。

　本書では、「1対1」「2対1」「2対2」「3対3」の4段階に分けて、攻撃のシチュエーション、特にゴール前におけるオフ・ザ・ボールの動き方やポイントを解説しています。また、各章のなかでは、「1st ACTION」→相手の「REACTION」→「2nd ACTION」という流れの構成になっています。つまり、「このアクションをすれば攻撃が成功する！」という動き方を説明しているのではなく、攻撃側が何かアクションを起こし、相手の対応を見たうえで、次のアクションを選択していくというプロセスを大切にしてほしいと考えています。

　そのなかで一貫しているキーワードは、「視野」と「駆け引き」です。この選手はボールがここにあるとき、いったい何が見えていて、何が見えていないのか。必要な情報を頭に入れることができる体の向きをつくっているのか。目の前にいる相手が見えている景色を想像したうえで、相手と駆け引きをしてプレーの判断ができているのか。選手が意識すべきこと、あるいは指導者が選手に問いかけるべきことを記載しています。

　本書が、選手の方々のオフ・ザ・ボールの準備や、動きのクオリティの向上につながり、あるいは指導者の方々がオフ・ザ・ボールの動きを指導する助けになれば幸いです。また、サッカーのファンの方々が試合を観るときに、これまでとは違ったポイントに注意を向けながら観戦を楽しめるようになるのではないかと期待しています。

小井土正亮

本書の使い方

本書では、サッカーのオフ・ザ・ボールの動きを３Ｄグラフィックによる図を用いてわかりやすく示している。どのように動き、何を見て、また何が見えていないのか、さまざまな角度・視点からマルチアングル（多角的）に解説しており、より直感的に理解することができる。第１章は「１対１」、第２章は「２対１」、第３章は「２対２」、第４章は「３対３」のシチュエーションを紹介している。目的に応じて活用しよう。

タイトル
習得するオフ・ザ・ボールの動きが一目でわかる

人の動き

ドリブル
ボールの動き

３Ｄグラフィック図
３Ｄグラフィックを用いた図で解説。選手やボールの動きを矢印で示しており、説明文を読むことでさらに理解を深められる

攻撃側選手（OF）

守備側選手（DF）

START POSITION
動き方を説明するうえでの、プレーを開始する位置。グリッドの広さや選手の配置、ルールなどもここで確認しよう

キーとなるACTIONの説明

本書では、主に2段階のACTIONでオフ・ザ・ボールの動きを解説している。まず1st ACTIONを攻撃側が仕掛け、それに対して守備側がどういう反応（REACTION）をするかを把握。そしてその反応によって、2nd ACTIONは何をすべきかをイメージしやすくしている

略称表記について

- **FW** フォワード
- **CF** センターフォワード
- **MF** ミッドフィルダー
- **CB** センターバック
- **GK** ゴールキーパー

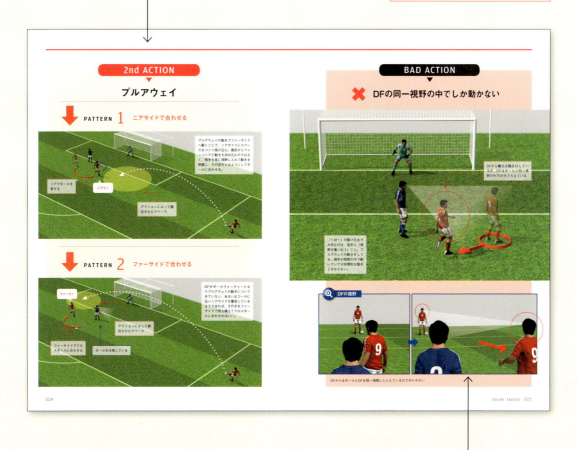

視野

その場面における選手の視野。何が見えていて、何が見えていないのかを選手の視点に立って説明している

GOOD ACTION

攻撃が成功するアクションの例を示す

BAD ACTION

攻撃が失敗するアクションの例を示す

Point

アクションを仕掛けるために必要なポイント

はじめに ——————————————————————————————— 002
本書の使い方 ———————————————————————————— 004

序章　オフ・ザ・ボールの動きの基本概念

90分間でボールを触る時間は1人当たり2分、3分以下 ——————— 010
パスを受けるひとつ前が大事　準備の動きに注目する ——————— 011
それぞれの局面での動きを積み上げていく ————————————— 012

第1章　1対1

01　プルアウェイとチェックの動きでボールを受ける ——————— 016
　　プルアウェイ　1st ACTION ————————————————— 017
　　プルアウェイ　2nd ACTION ———————————————— 018
　　チェックの動き（ストップ＆ゴー）　1st ACTION ——————— 020
　　チェックの動き（ストップ＆ゴー）　2nd ACTION —————— 021
02　プルアウェイとチェックの動きでクロスに合わせる —————— 022
　　プルアウェイ　1st ACTION ————————————————— 023
　　プルアウェイ　2nd ACTION ———————————————— 024
　　チェックの動き（ストップ＆ゴー）　1st ACTION ——————— 026
　　チェックの動き（ストップ＆ゴー）　2nd ACTION —————— 027
03　トレーニングで学ぶ「1対1」のオフ・ザ・ボール①（1対1＋4サーバー）——— 028
　　GOOD ACTION：DFとボールを同一の視野に入れる ————— 030
　　BAD ACTION：相手を見ずにアクションを決めている —————— 032
04　トレーニングで学ぶ「1対1」のオフ・ザ・ボール②（1対1＋3サーバー＋1ターゲット）— 034
　　GOOD ACTION：サーバー間でボールが動く間にプルアウェイ ——— 036

第2章　2対1

05　スペースランで「2対1」を攻略する ——————————————— 040
　　スペースラン　1st ACTION ————————————————— 041
　　スペースラン　2nd ACTION① 突破の動き ————————— 042
　　スペースラン　2nd ACTION② おとりの動き ————————— 044
　　スペースラン　2nd ACTION③ ワンツー ——————————— 045
06　パス＆ムーブで「2対1」を攻略する ——————————————— 046
　　パス＆ムーブ　1st ACTION ————————————————— 047
　　パス＆ムーブ　2nd ACTION ———————————————— 048
07　トレーニングで学ぶ「2対1」のオフ・ザ・ボール①（2対1のボールキープゲーム）—— 050
　　GOOD ACTION：スペースに顔を出してボールを受ける ————— 052
　　GOOD ACTION：声のフェイントで味方を助ける ———————— 053
　　GOOD ACTION：相手の読みを予測したうえであえて近くで受ける ——— 054
　　BAD ACTION：相手DFの背後に隠れる ——————————— 055
08　トレーニングで学ぶ「2対1」のオフ・ザ・ボール②（2対1＋2GATE）——— 056
　　GOOD ACTION：突破の動き／おとりの動き ————————— 057

CONTENTS

第3章　2対2

09　オーバーラップ＆インナーラップで「2対2」を攻略する ———————— 062
　　オーバーラップ＆インナーラップ　1st ACTION ———————————— 064
　　オーバーラップ＆インナーラップ　2nd ACTION
　　PATTERN 1　オーバーラップ ———————————————————— 066
　　PATTERN 2　インナーラップ ———————————————————— 070
10　トレーニングで学ぶ「2対2」のオフ・ザ・ボール①
　　（中央エリア限定の2対2＋1サーバー＋1GK） ————————————— 076
　　GOOD ACTION：オーバーラップを使った崩し —————————————— 080
　　GOOD ACTION：インナーラップを使った崩し —————————————— 082
　　GOOD ACTION：インナーラップからワンツーへの切り替え —————————— 084
　　BAD ACTION：攻撃側2人の動きが連動していない ——————————— 086
　　BAD ACTION：ボールの受け方が悪く、良い視野になっていない ——————— 088
11　トレーニングで学ぶ「2対2」のオフ・ザ・ボール②（2対2＋2サーバー） ——— 090
　　PATTERN 1　ボール保持 ————————————————————— 092
　　PATTERN 2　ライン突破 ————————————————————— 094
　　GOOD ACTION：サーバー間のパスコースを確保する ————————————— 096

第4章　3対3

12　プルアウェイとインナーラップで「3対3」を攻略する ————————— 100
　　プルアウェイ＆インナーラップ　1st ACTION ————————————— 102
　　プルアウェイ＆インナーラップ　2nd ACTION ————————————— 106
13　オーバーラップで「3対3」を攻略する
　　オーバーラップ　1st ACTION ————————————————————— 112
　　オーバーラップ　2nd ACTION ———————————————————— 114
14　深みを使った3人目の動きで「3対3」を攻略する ————————————— 122
　　中盤のラインを突破してスペースを突く　1st ACTION —————————— 124
　　深みを使った3人目の動き　2nd ACTION —————————————————— 128
15　トレーニングで学ぶ「3対3」のオフ・ザ・ボール（3対3［6ゴール］） ——— 132
　　GOOD ACTION：ボールと反対側の選手のインナーラップ ————————— 134
　　BAD ACTION：生まれたスペースを認識していない ——————————— 136
　　GOOD ACTION：プルアウェイをとオーバーラップをキーにして攻略 ————— 138
　　BAD ACTION：生まれたスペースを使わない —————————————— 140

おわりに ——————————————————————————————— 142

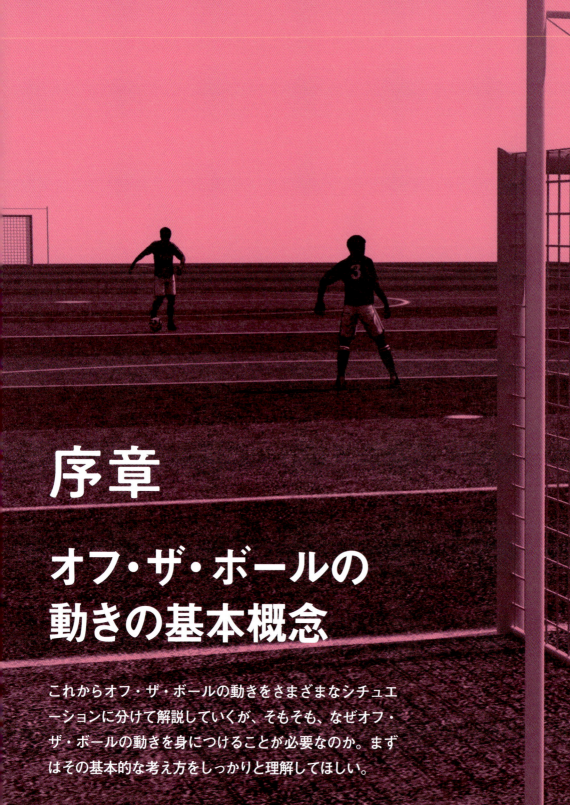

序章

オフ・ザ・ボールの動きの基本概念

これからオフ・ザ・ボールの動きをさまざまなシチュエーションに分けて解説していくが、そもそも、なぜオフ・ザ・ボールの動きを身につけることが必要なのか。まずはその基本的な考え方をしっかりと理解してほしい。

soccer tactics 009

なぜ、オフ・ザ・ボールの動きにフォーカスするのか

90分間でボールを触る時間は1人当たり2分、3分

「はじめに」でも触れたように、1人の選手が1試合（90分間）でボールを触っている時間は長くても2分から3分だ。つまり、試合中の90パーセント以上はボールを触っていないオフ・ザ・ボールの状態なのだ。正確に言えばこの数字は、今から数十年前の研究に基づいたもの。近年はよりいっそう戦術が高度になっており、プレーの高速化が進んでいることで、1人当たりのボールを持つ時間はさらに減っているとも言われている。そうしたなか、正しいポジショニングを取り続ける能力は、これまで以上に求められてくるのだ。オフ・ザ・ボール時に正しいプレーができるかどうかは重要な要素であるのは間違いなく、サッカー選手の能力を計るうえで、大きなウエイトを占めるものになっていると言えるだろう。

一方で、普段のトレーニングにおいてはボールを扱う技術を高めることに多くの時間を割く傾向にある。特にジュニアやジュニアユース（小中学生）年代においても、お手本として世界のサッカーを見るときには、オン・ザ・ボールのプレーに目がいきがちだ。現代であれば、例えばユベントス（イタリア）のポルトガル代表クリスチアーノ・ロナウド、バルセロナ（スペイン）のアルゼンチン代表リオネル・メッシのプレーを見てマネをする選手も多いだろう。もちろん、正確なキック、トラップ、ドリブルの技術は重要である。ただ、ボールを持てばうまい選手でも、ボールに触ることができなければ、その技術も宝の持ち腐れになることを忘れてはならない。本当の意味で、オフ・ザ・ボールですべきプレーを理解している選手は、決して多くないのではないだろうか。現代ではいつどこでも、パソコンやスマートフォンを使って世界的なスーパースターのプレーを見ることができる。こういう時代だからこそ、トッププレーヤーのボールを持っていないときのプレーに、もっと注目すべきなのだ。

◀イタリアのユベントスに所属するクリスチアーノ・ロナウド（ポルトガル）
©Getty Images

パスを受けるひとつ前が大事。準備の動きに注目する

　小学校の低学年、中学年で「お団子サッカー」になるのは、発達段階を考慮すると仕方がない。ピッチの中にあるスペースの概念や、ゲーム全体を把握する能力がまだ身についていないからだ。一方、高学年になると、味方と相手の位置を見て、取るべきポジショニングを理解できるようになってくる。この段階までくれば、「オフ・ザ・ボールの概念」は積極的に教えていくほうがいいだろう。

　ジュニア、ジュニアユース年代では体が大きかったり、足が速かったり、ボール扱いのうまい子どもたちが「いい選手」に見えるものだ。しかし、ユース年代から先のカテゴリーに進むと、それだけでは通用しない。体が小さく、足が遅くて目立たない選手も、ポジショニングを学んでいれば、上のカテゴリーでプレーすることになった際、成長が追いついてきて本来持っている力を発揮できるようになったりするものだ。逆に成長が早かったがゆえにオフ・ザ・ボールの重要性に気がつけず、後々になってすごく苦労している選手を多く見ている。

　オフ・ザ・ボールの動きは、映像で見るとわかりやすい。例えばバイエルン・ミュンヘン（ドイツ）でプレーするポーランド代表ＦＷロベルト・レバンドフスキはワンタッチシュートが得意だが、ボールを受けた瞬間ではなく、一つ前の動きを見るといい。ボールのないところで相手と駆け引きをしてマークをうまく外したり、スペースに動いたりしているのがわかるはずだ。同じ映像でも見方を変えると、オフ・ザ・ボールの動きを学ぶことができるのだ。加えて、そこには指導者の工夫も必要となる。機械的にポジショニングだけを覚えさせても身につくことはない。なぜ、そこに動く必要があるのか、そこに動くことで何が起きるのか、それを理解させる必要がある。また、普段の指導の中で「選手の目線」「選手が見えている景色」を意識してほしい。とかく指導者は自分の目線で考えがちだが、実際にプレーしているのは選手なのだから。本書ではシチュエーション別に分けて、図版を見ながらチェックしていきたい。

▶ドイツのバイエルン・ミュンヘンに所属するロベルト・レバンドフスキ（ポーランド、写真右）
©Getty Images

soccer tactics　011

それぞれの局面での動きを積み上げていく

本書では、「1対1」(第1章)、「2対1」(第2章)、「2対2」(第3章)、「3対3」(第4章)、の4段階でオフ・ザ・ボールの動きを解説していく。どのシチュエーションにおいても、相手と視野を奪い合いながら駆け引きをし、スペースをつくり、スペースを使うという点では共通している。ただし、それぞれのシチュエーション別に求められる動きは異なっており、それを積み上げていくことで、最終的には11対11のゲームの中で力を発揮できるオフ・ザ・ボールの動きが身につくのだ。

第1章の「1対1」でのキーとなる動きは、プルアウェイの動きと、チェックの動き(ストップ&ゴー)だ。オフ・ザ・ボールの最も基本的な動きであり、最初のステップとなる。体の向きやステップワークを駆使して、相手の逆をつきながらボールを受ける動きを身につけていく。

第2章の「2対1」では、スペースへのランニング(スペースラン)がキーワードだ。数的優位の状態であり空間の余裕もあるので、時間をかけずに仕掛け、オフサイドにならないために動きの変化をつけることが必要だ。また自らがスペースでボールを受ける(突破の動き)こともできるし、結果的にその動きが「おとり」となり、ボールホルダーを助ける動きともなる。

また、突破の基本であるワンツーもここで解説する。

第3章の「2対2」では、オーバーラップ(裏のスペースを使う)とインナーラップ(手前のスペースを使う)がポイントになる。数的同数の状況であるため、攻撃側の2人が連携して相手を動かし、スペースをつくり出すことが必要になってくる。その際、「幅」と「深み」を確保することも重要だ。味方同士の距離が近ければ、それだけ相手は守る範囲が狭くなり、守りやすくなる。「幅」と「深み」をつくることで守備側に段差(ズレ)が生まれ、攻撃側が使えるスペースが生み出されるのだ。

そして第4章の「3対3」では、これまで身につけた動きを組み合わせて、相手の守備を崩す動き方を覚えていく。攻撃側の3人の動きが重ならないように意識することが大切。また、「次」の「次」のプレーを予測して、防がれたら動き直すといったことも必要になってくる。ある程度動きのパターンを覚えることも必要ではあるが、「この動きをすれば必ず崩せる」といったことは、相手がいるゲームである以上、ありえない。ある動きをしたら、相手がこう動いた、だからこっちに動く……といった駆け引きがオフ・ザ・ボールでは最も重要なのだ。

＊本文中の選手の所属は、2019年5月現在のものです

■ オフ・ザ・ボールの動きの積み上げ

共通キーワード

3対3 以下の動きの組み合わせ	**視 野**
2対2 『オーバーラップ』『インナーラップ』	
2対1 『スペースラン(突破の動き、おとりの動き)』『ワンツー』	**駆け引き**
1対1 『プルアウェイ』『チェック(ストップ&ゴー)』	

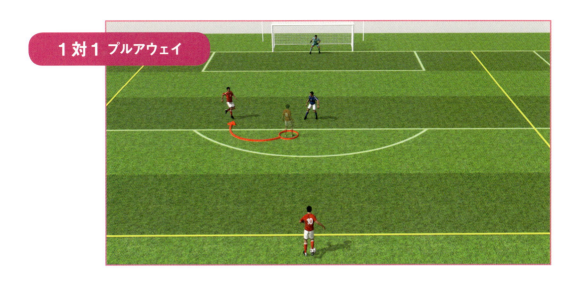

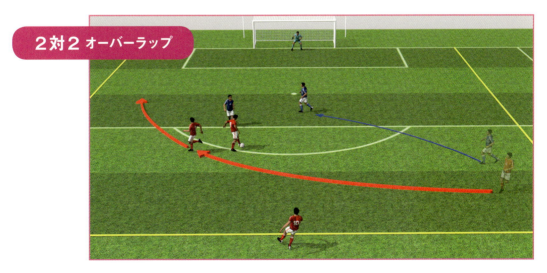

soccer tactics 013

第 1 章

1対1

相手との駆け引きにおいて、最少人数である「1対1」。フルピッチでのゲームの中でゴールを奪うためには、目の前の相手のマークを外し、フリーでボールを受けることが必要だ。相手との視野の奪い合いを制し、良い体勢でのボールの受け方を身につけよう。

01

▶ 1対1 ＋ 1サーバー ＋ 1GK

プルアウェイとチェックの動きでボールを受ける

オフ・ザ・ボールでの「1対1」では、ボールをもらう前に相手とどれだけ駆け引きできるかどうかが大事になる。いかに相手の逆をとるか。ここでは相手のマークを外し、フリーでボールを受けるための基本的な2つのアクションを紹介する。

一つ目はプルアウェイ。二つ目はチェックの動き（ストップ＆ゴー）。キーワードは優先順位、体の向き、ステップワーク、タイミング。check項目を頭に入れながら、2つの動きのポイントを見ていく。

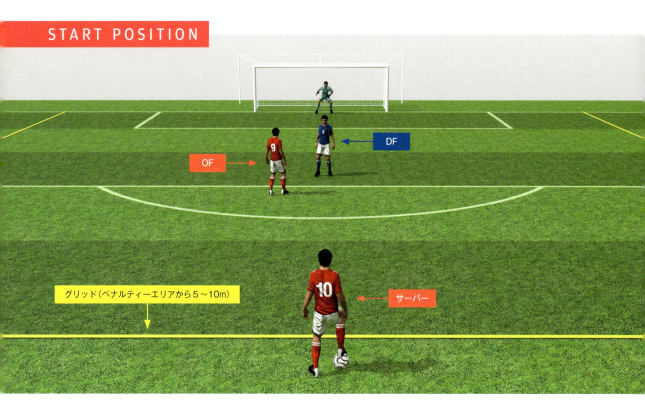

START POSITION

グリッド（ペナルティーエリアから5〜10m）
OF
DF
サーバー

練習方法

グリッド内にOF、DF、GK、グリッド外にサーバーを配置。サーバーがグリッド内へパスを入れ、攻撃を開始する。

RULE

オフサイドあり（ペナルティーエリアから適用など工夫が必要）。

✓ check!

- □ ボールを受ける前に相手と駆け引きする。
- □ 相手の動きを見て、動くスペースを判断する。
- □ 相手が最も嫌がるスペースへ動く。
- □ よりゴールに近いスペースで受ける。

1st ACTION

プルアウェイ

相手から離れる動きでボールを受けるスペースをつくる

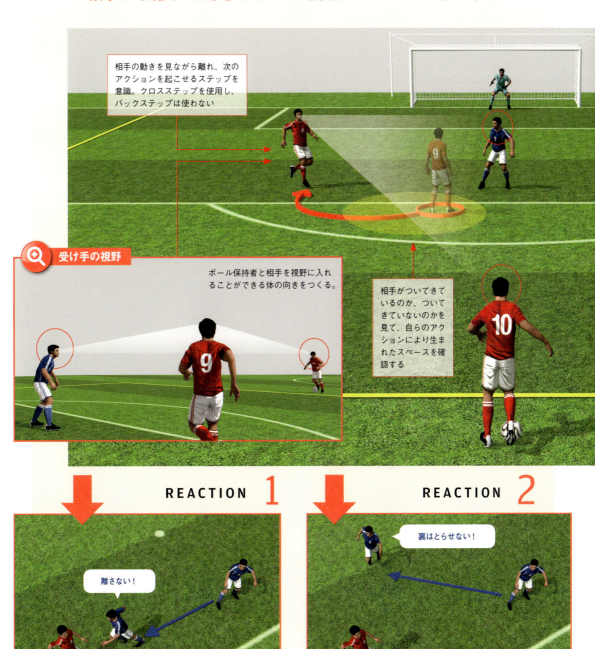

soccer tactics 017

2nd ACTION

プルアウェイ

PATTERN 1
相手の裏でボールを受ける

裏のスペースで
ボールを受ける

裏へ出せ！

インターセプトだ！

プルアウェイの動きに
ついてくる

プルアウェイの動きにDFがついてきたことにより、背後にスペースができる。オフサイドに注意しながらサーバーとタイミングを合わせて、そのスペースでボールを受ける。

PATTERN 2
手前のスペースでボールを受ける

背後はとらせない！

背後のスペースをケア
して後ろに下がる

手前だ！

手前のスペースで前を
向いてボールを受ける

体の向きを意識して、ゴールに背中を向けないように前を向いてボールを受ける。相手がボールを奪いに来ているのか、抜かせないように構えているのか、守備者の意図を把握したうえでボールを受ける場所を変える。

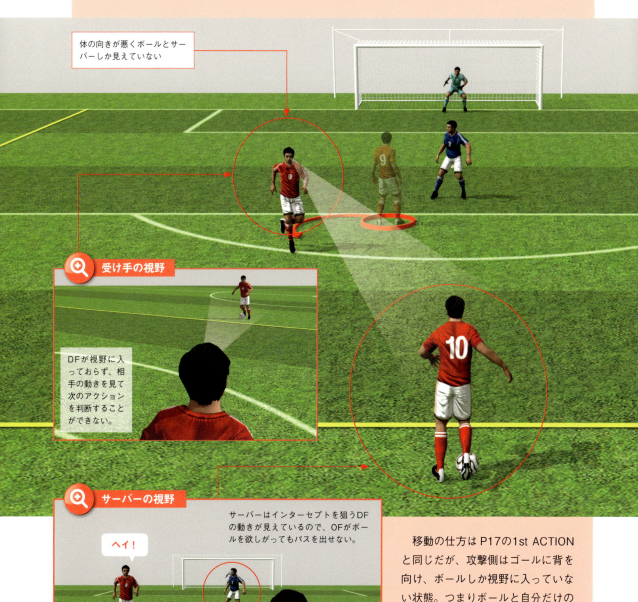

BAD ACTION
✗ ボールしか見えない体の向き

体の向きが悪くボールとサーバーしか見えていない

受け手の視野

DFが視野に入っておらず、相手の動きを見て次のアクションを判断することができない。

サーバーの視野

サーバーはインターセプトを狙うDFの動きが見えているので、OFがボールを欲しがってもパスを出せない。

ヘイ！

DFが狙ってるよ…

移動の仕方はP17の1st ACTIONと同じだが、攻撃側はゴールに背を向け、ボールしか視野に入っていない状態。つまりボールと自分だけの関係でプレーしている。相手の動きが見えなければ次のアクションのための情報を入れることができず、裏を狙うのか、手前でボールを受けるのかの判断はできない。

1st ACTION

チェックの動き（ストップ&ゴー）

一瞬の動きでDFを誘い出してボールを受ける

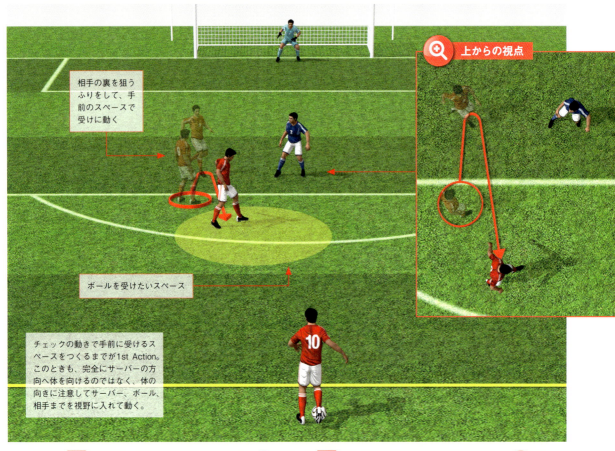

相手の裏を狙うふりをして、手前のスペースで受けに動く

上からの視点

ボールを受けたいスペース

チェックの動きで手前に受けるスペースをつくるまでが1st Action。このときも、完全にサーバーの方向へ体を向けるのではなく、体の向きに注意してサーバー、ボール、相手までを視野に入れて動く。

REACTION 1

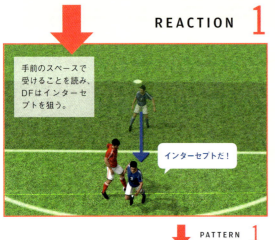

手前のスペースで受けることを読み、DFはインターセプトを狙う。

インターセプトだ！

▼ PATTERN 1

REACTION 2

裏へ抜ける動きをケアして、DFは下がる。

背後はとらせない！

▼ PATTERN 2

2nd ACTION

チェックの動き（ストップ＆ゴー）

PATTERN 1

相手の裏でボールを受ける

チェックの動きで手前のスペースで受けることを読んだDFがついてきたら、その逆をとって裏へボールを要求する。オフサイドのタイミングがシビアなので気をつける。

PATTERN 2

手前のスペースでボールを受ける

DFが裏のスペースを警戒して離れたら、手前のスペースでボールを受ける。サーバーのほうを完全に向いてしまうと次のアクションにはつながりにくい。前を向いてボールを受ける。

soccer tactics 021

02

▶ 1対1 ＋ 1サーバー ＋ 1GK

プルアウェイとチェックの動きでクロスに合わせる

　今度は「1対1」でも、サイドからのクロスボールに合わせる駆け引きを見ていく。基本的な考え方や注意点は中央でパスを受けるときと同じだが、サイドにボールがあるぶん、DFにとってはOFとボールを同一視しにくくなるため、より相手の視野から消えやすい。DFが何を見ていて、何を見ていないのか考えることが大切だ。ここでもプルアウェイ、チェックの動き（ストップ＆ゴー）を駆使して、サイドからのクロスボールに合わせる動きを学んでいこう。

START POSITION

練習方法
サーバーがボールを動かしたらスタート。

RULE
クロスボールに合わせてゴールを狙う。

check!
- サーバーとDFを同一視する。
- ボールが出てくるタイミングを図る。
- 相手の状態がわかるポジショニングをとる。
- スピードとアングルの変化で相手のマークを外す。

1st ACTION

プルアウェイ

相手から離れる動きでサイドからのボールを受ける

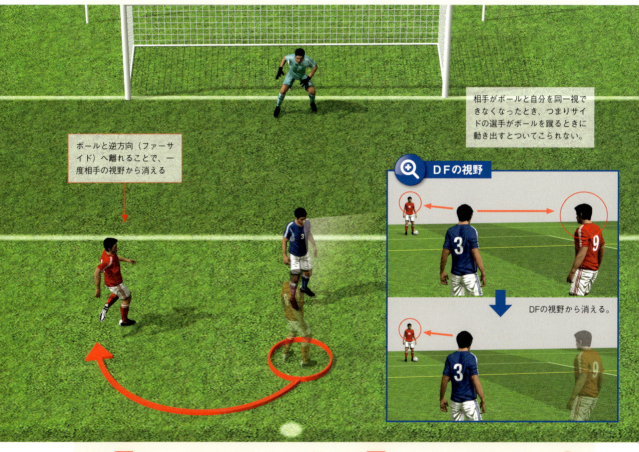

ボールと逆方向（ファーサイド）へ離れることで、一度相手の視野から消える

相手がボールと自分を同一視できなくなったとき、つまりサイドの選手がボールを蹴るときに動き出すとついてこられない

DFの視野

DFの視野から消える。

REACTION 1

マークにつかないと！

プルアウェイの動きについてくる。

▼ PATTERN 1

REACTION 2

ボールの状態は…

ボールに注視していてOFを見られていない。

▼ PATTERN 2

soccer tactics 023

2nd ACTION

プルアウェイ

PATTERN 1 　ニアサイドで合わせる

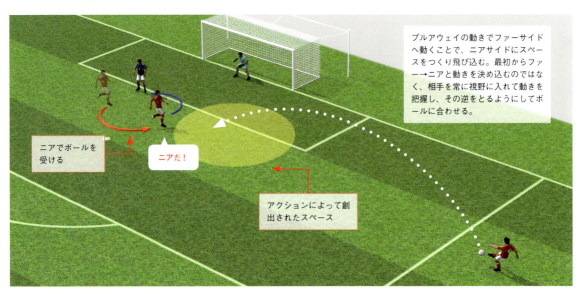

PATTERN 2 　ファーサイドで合わせる

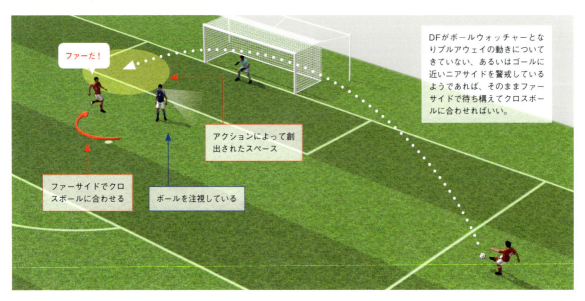

BAD ACTION
▼

 DFの同一視野の中でしか動かない

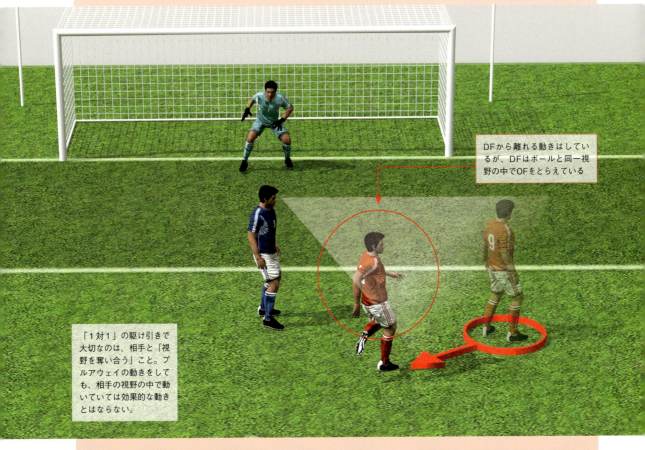

DFから離れる動きはしているが、DFはボールと同一視野の中でOFをとらえている

「1対1」の駆け引きで大切なのは、相手と「視野を奪い合う」こと。プルアウェイの動きをしても、相手の視野の中で動いていては効果的な動きとはならない。

🔍 DFの視野

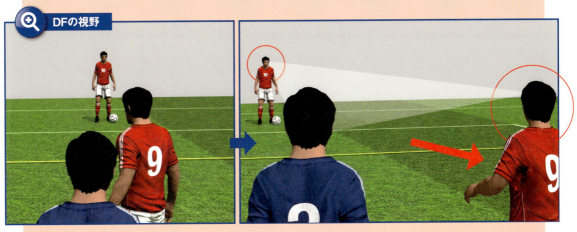

DFからはボールとOFを同一視野にとらえているので守りやすい

1st ACTION

チェックの動き（ストップ&ゴー）

一瞬の動きでマークを外してボールを受ける

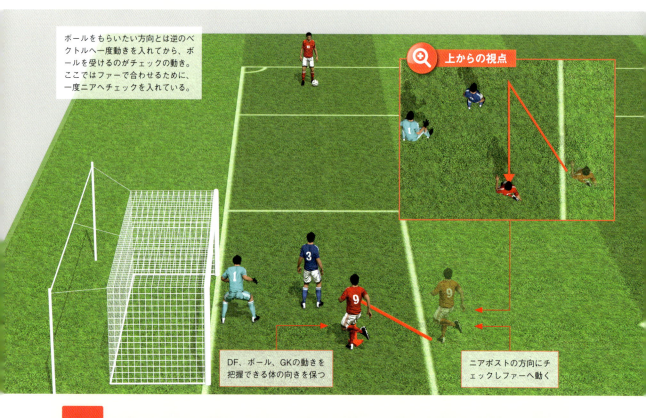

ボールをもらいたい方向とは逆のベクトルへ一度動きを入れてから、ボールを受けるのがチェックの動き。ここではファーで合わせるために、一度ニアへチェックを入れている。

上からの視点

DF、ボール、GKの動きを把握できる体の向きを保つ

ニアポストの方向にチェックしファーへ動く

Point　相手の視野をイメージする

1対1の駆け引きでは、相手の動きを見たうえで、「相手の見えている世界」を想像することが非常に大切。「ボールウォッチャー」になっているのか、あるいは自分のことしか見ていない「マンウォッチャー」になっているのか、それを把握したうえで相手の逆をとる動きをしよう。

▲相手は自分を見ておりボールを見ていない（マンウォッチャー）

▲相手はボールしか見ていない（ボールウォッチャー）

2nd ACTION

チェックの動き（ストップ&ゴー）

PATTERN 1　ニアサイドで合わせる

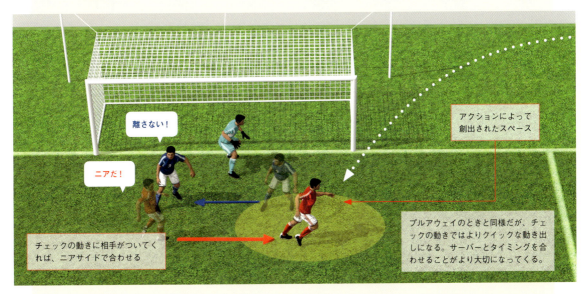

PATTERN 2　ファーサイドで合わせる

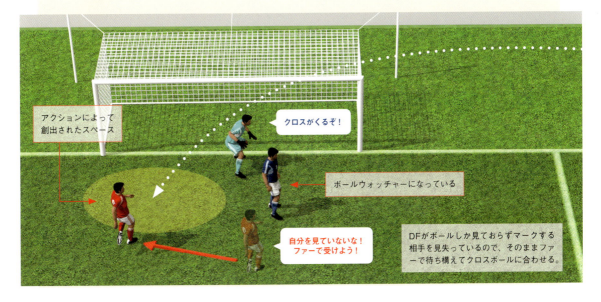

03

▶ 1対1 ＋ 4サーバー

トレーニングで学ぶ「1対1」のオフ・ザ・ボール①

　ここからは、「1対1」の駆け引きをトレーニングで学んでいく。まずは「1対1＋4サーバー」でのボール保持。大切なのは、相手と「視野を奪い合う」こと。このトレーニングではゴール方向はなく周囲4ヶ所に味方がいるため、めまぐるしく視野が移り変わる。そのなかで、ボールと自分だけの関係で受ける形にならないように、DFの見えている景色を考えながら、相手が見えていないところ、あるいは相手の逆をとる動きでボールを受けるようにする。

ORGANIZE

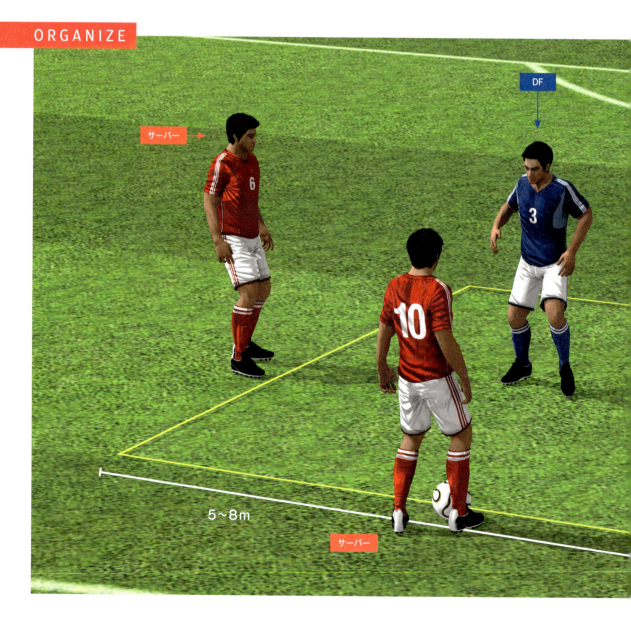

RULE

グリッド内は「1対1」。グリッド外側には4人のサーバーを配置。4人のサーバーと協力し、ボールを保持する。なお、サーバーは2タッチのみ。

check!

- ☐ 相手の動き、体の向き、視野を見る。
- ☐ ボールの動き（サーバーのパス）を予測する。
- ☐ 空いたスペースへ動いてボールを受ける。
- ☐ ボールを受ける場所は、相手につかまらない距離を意識する。

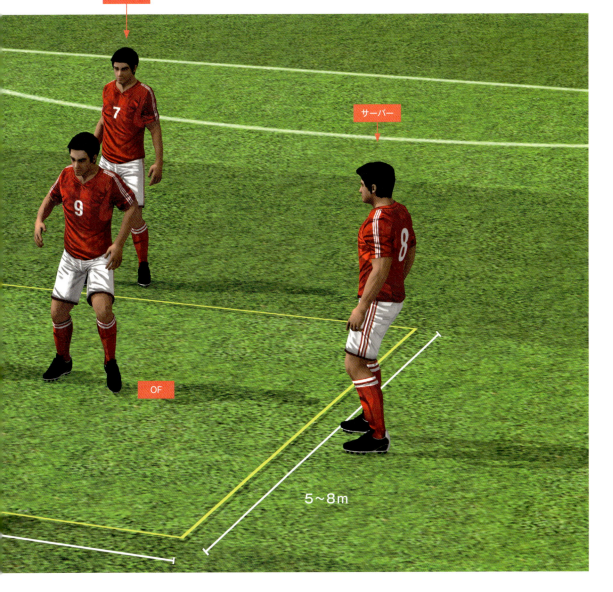

soccer tactics 029

GOOD ACTION

◯ DFとボールを同一の視野に入れる

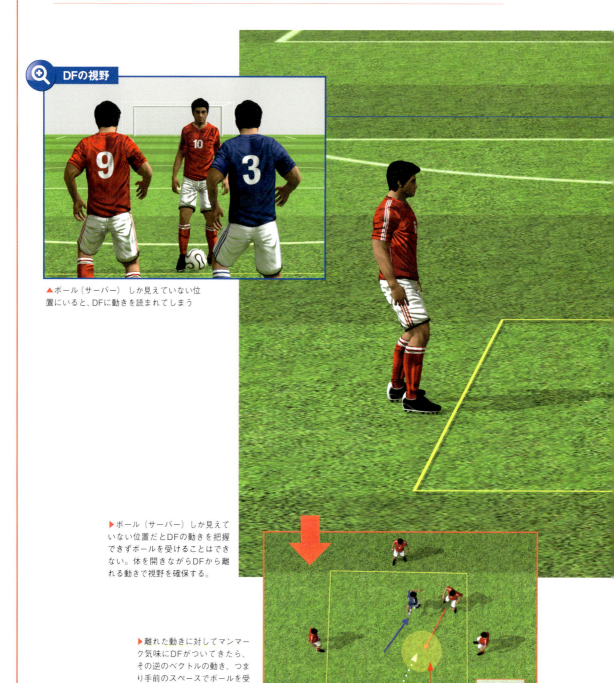

DFの視野

▲ボール（サーバー）しか見えていない位置にいると、DFに動きを読まれてしまう

▶ボール（サーバー）しか見えていない位置だとDFの動きを把握できずボールを受けることはできない。体を開きながらDFから離れる動きで視野を確保する。

▶離れた動きに対してマンマーク気味にDFがついてきたら、その逆のベクトルの動き、つまり手前のスペースでボールを受ける。その際もDFの動きを把握できる体の向きを保つように。

スペース

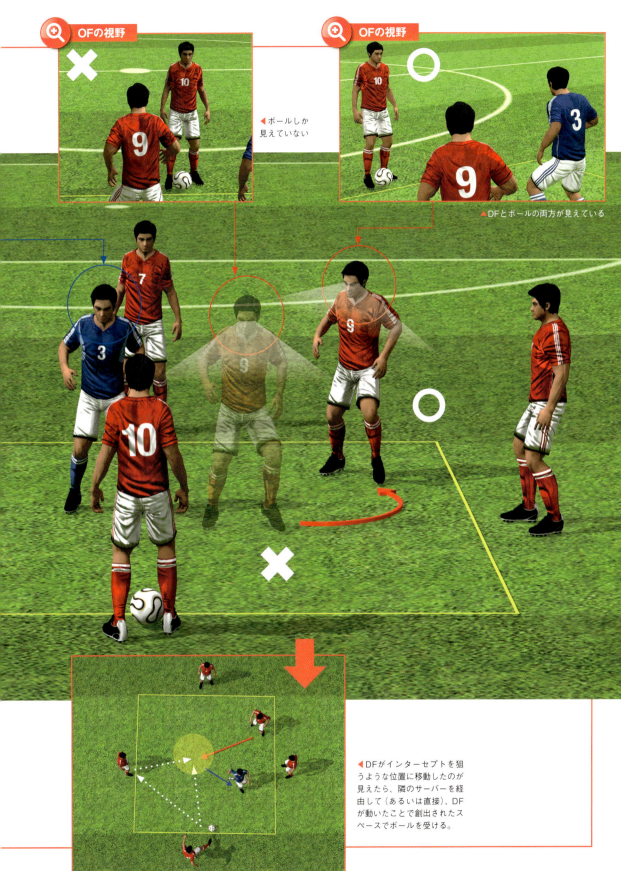

soccer tactics 031

BAD ACTION
✕ 相手を見ずにアクションを決めている

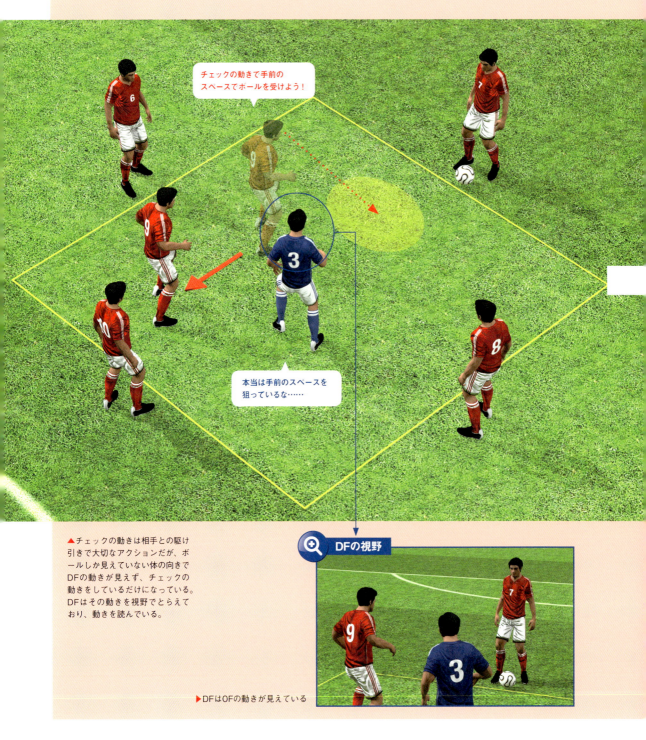

▶チェックの動きは相手との駆け引きで大切なアクションだが、ボールしか見えていない体の向きでDFの動きが見えず、チェックの動きをしているだけになっている。DFはその動きを視野でとらえており、動きを読んでいる。

▶DFはOFの動きが見えている

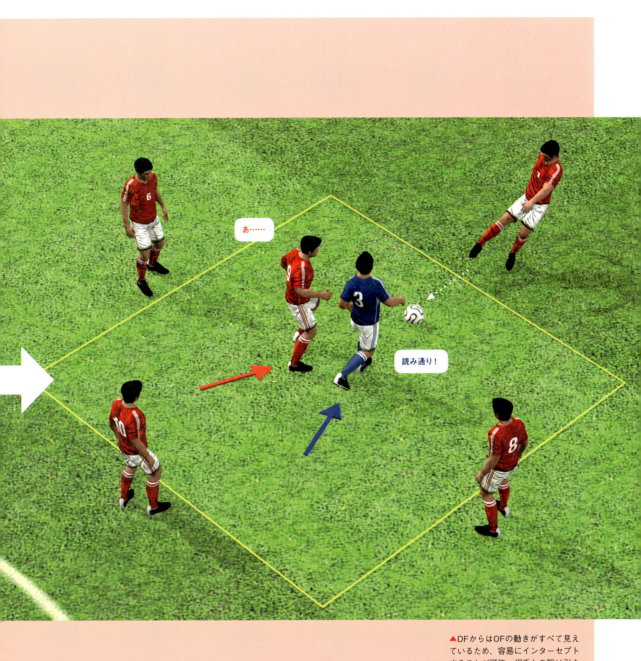

▲DFからはOFの動きがすべて見えているため、容易にインターセプトすることが可能。相手との駆け引きを行わず、チェックの動きをすると決めつけているとインターセプトの動きも予測できず、パスを受けることはできない。自分のアクションに対して相手がどのようなリアクションをとるかを見ることではじめて、駆け引きが生まれる。

soccer tactics 033

04

▶ 1対1 ＋ 3サーバー ＋ 1ターゲット

トレーニングで学ぶ「1対1」のオフ・ザ・ボール②

サイドからのクロスボールに対する駆け引きを想定したトレーニング。サーバーは手でボールを扱い、OFはヘディングでターゲットへパスすることで、よりオフ・ザ・ボールの動きに集中したトレーニングとすることができる。攻撃方向を決めてトレーニングを行うことで、より実戦的にもなる。プルアウェイ、チェックの動きを駆使してボールを受けよう。サーバー間のパスを見ながら、DFとターゲットを見られるポジションをとり続けることが大切だ。

ORGANIZE

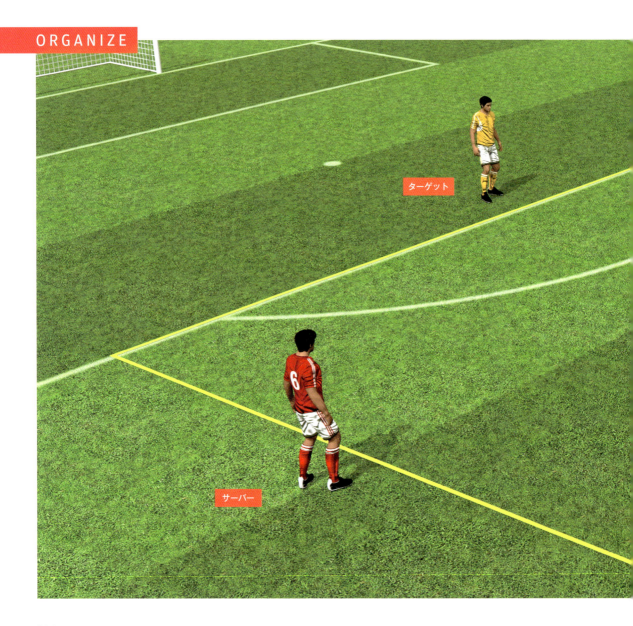

RULE

攻撃方向側のターゲットマンにパスを通せば得点。サーバー間、サーバーからOFへのパスは手で行い、ターゲットマンへのパスはヘディングで行う。

Point
攻撃方向を実際のピッチと同じに

このような攻撃方向を決めて行うトレーニングでは、試合のプレーと同じ感覚でできるように、実際のピッチと攻撃方向を合わせて実施しよう。今回のトレーニングでは、ターゲットをゴール方向に置くこと。

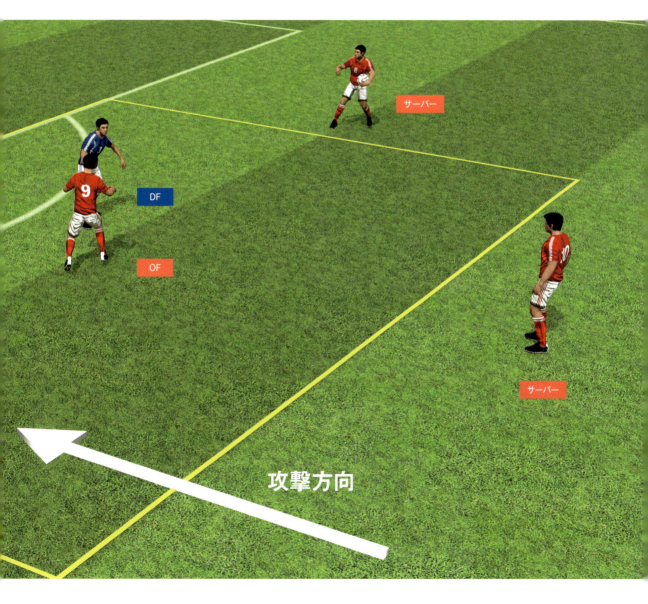

GOOD ACTION

◯ サーバー間でボールが動く間にプルアウェイ

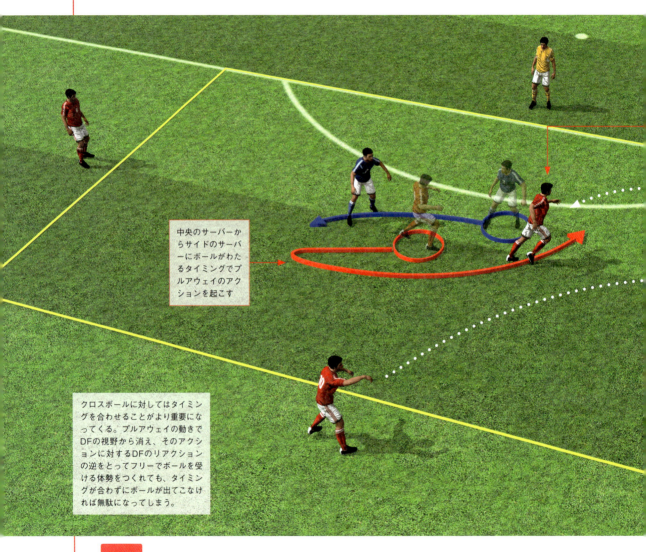

中央のサーバーからサイドのサーバーにボールがわたるタイミングでプルアウェイのアクションを起こす

クロスボールに対してはタイミングを合わせることがより重要になってくる。プルアウェイの動きでDFの視野から消え、そのアクションに対するDFのリアクションの逆をとってフリーでボールを受ける体勢をつくれても、タイミングが合わずにボールが出てこなければ無駄になってしまう。

Point 駆け引きなしで受けるのはNG

例えば、あらかじめニアサイドを空けておき、そのスペースに飛び込んでクロスを受けようとすると、相手に読まれてしまう。相手の状況を見ることなく、自分のほしいスペースに動くだけではボールを受けることはできない。相手の状況を見て、駆け引きしないといけない。ここではプルアウェイでニアサイドに飛び込む動きを説明したが、チェックの動きや、ファーサイドでボールを受けるときでも同様だ。

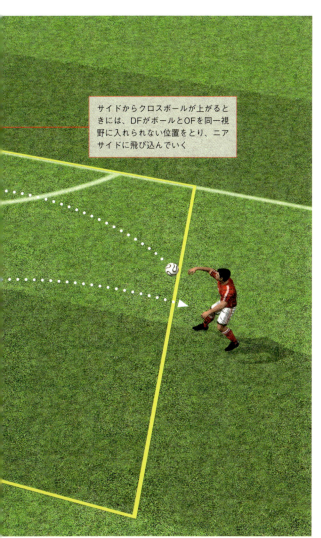

サイドからクロスボールが上がるときには、DFがボールとOFを同一視野に入れられない位置をとり、ニアサイドに飛び込んでいく

プルアウェイについてくる→ニアで受ける

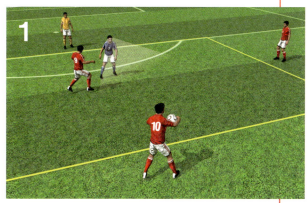

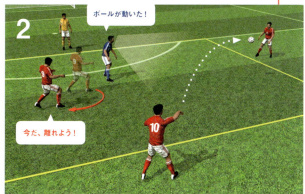

ボールが動いた！

今だ、離れよう！

マークにつかなきゃ！

食いついてきたな！

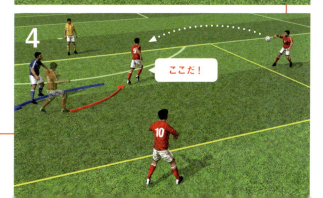

ここだ！

第2章

2対1

サッカーは数的同数のゲームではあるが、そもそも数的優位の状態でのボールの受け方が身についていなければ、試合の中で活躍することはできない。オフサイドに気をつけながら効果的なスペースへのランニングを行い、「2対1」を攻略しよう。

05

2対1 + 1GK

スペースランで「2対1」を攻略する

「2対1」の状況でのオフ・ザ・ボールの動きのポイントは、スペースへのランニング。数的優位で空間の余裕もあるので、時間をかけずにいかに仕掛けるか。オフサイドにならないためのステップ、スピード、アングルの変化を意識する。パスを出した後に止まるのか、動くのかを判断しないといけない。動き出しのタイミング、ボールをもらう体の向き、相手との駆け引きも重要。スペースへの突破の動きと、そこから派生するアクションを見ていく。

START POSITION

練習方法

攻撃側と守備側のパス交換後、「2対1」を開始する。

RULE

オフサイドあり（ペナルティーエリアから適用など工夫が必要）。タッチ制限を加えることで、ドリブルによる突破が難しい条件にするのも有効。

check!

- スペースランはいつ、どこに走るかが重要。
- 時間をかけずに攻める。
- オフサイドにならないためのステップを踏み、スピードとアングルの変化をつける。
- パスを出した後に止まるのか、動くのかを判断する。

1st ACTION

スペースラン

DFの動きを見て空いたスペースで受ける

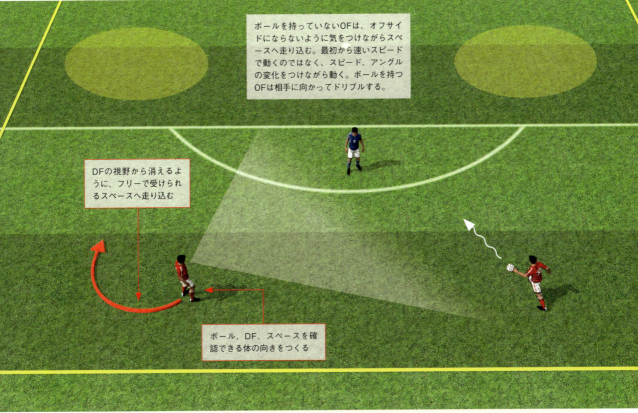

ボールを持っていないOFは、オフサイドにならないように気をつけながらスペースへ走り込む。最初から速いスピードで動くのではなく、スピード、アングルの変化をつけながら動く。ボールを持つOFは相手に向かってドリブルする。

DFの視野から消えるように、フリーで受けられるスペースへ走り込む

ボール、DF、スペースを確認できる体の向きをつくる

REACTION 1　　REACTION 2

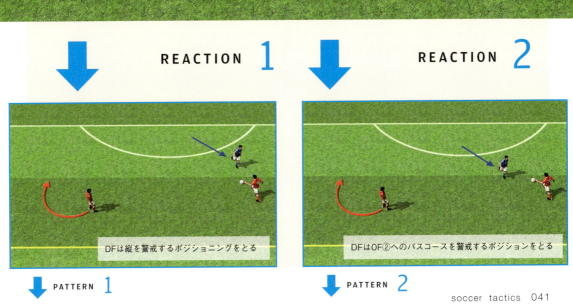

DFは縦を警戒するポジショニングをとる

DFはOF②へのパスコースを警戒するポジションをとる

PATTERN 1　　PATTERN 2

2nd ACTION ①

スペースラン［突破の動き］

 PATTERN 1　DFの左側を通す

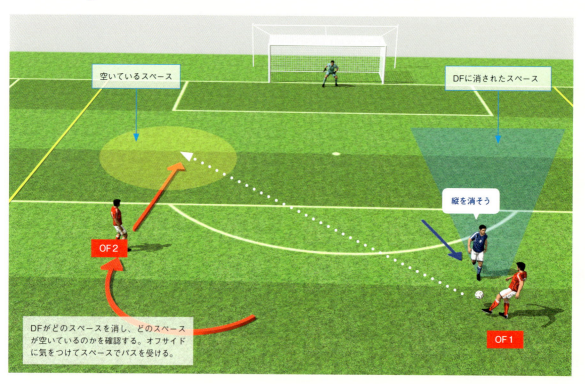

Point　スペースも確認できるアングルをつくる

走りながら、ボールとDFはもちろん、どこにスペースがあるのかを確認する。DFの視野から外れたところで、DFが何を見て、何が見えていないのかを把握することが大切。パスを受けたときに、どこにボールをコントロールするか考えておこう。

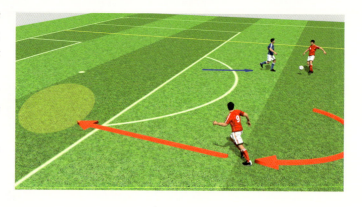

PATTERN 2　DFの右側を通す

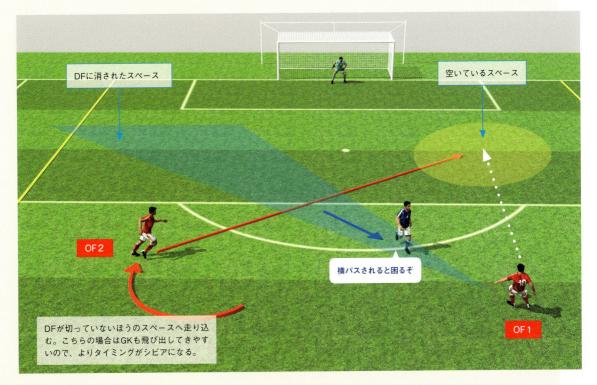

DFに消されたスペース

空いているスペース

OF 2

横パスされると困るぞ

DFが切っていないほうのスペースへ走り込む。こちらの場合はGKも飛び出してきやすいので、よりタイミングがシビアになる。

OF 1

Point　オフサイドに気をつける

パスの出し手からは、オフサイドのタイミングをとることは難しい。受ける側がオフサイドラインを確認し、声を出してパスを呼び込むことが大切。ただし、ボールとDFだけではなく、GKも視野に入れて動きを把握しておこう。

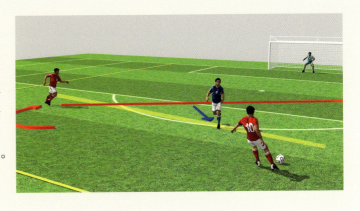

2nd ACTION ②
スペースラン［おとりの動き］

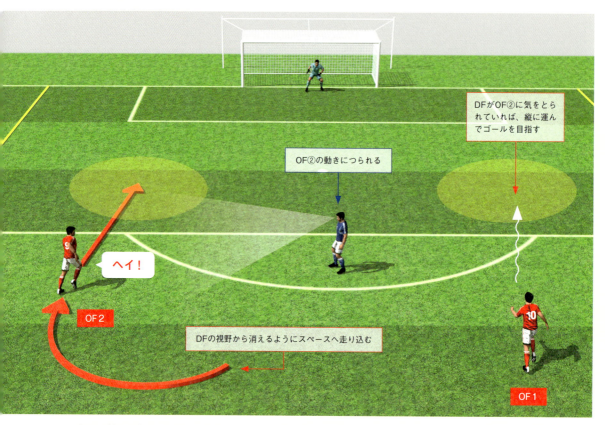

▲ボールを持つOF①はDFとゴールを見ながらドリブル。相手がOF②の動きと声につられていれば、一気にシュートまでもっていこう。OF②は「おとりになる」というより、これまで通り相手の視野を確認してスペースランを行うことで、結果的に「おとりになる」イメージだ。

ボールと自分の関係だけにならずに、DFの視野を頭に入れながら動いていれば、DFが自分を見ていることに気づくはずだ。本気でパスを受ける動きをすることで、それがDFをひきつけることになり、「おとりの動き」となる。動きだけでなく、「パスを出せ」という声をしっかりと出すことも、DFの気を引く大切な行為となる。

2nd ACTION ③
スペースラン［ワンツー］

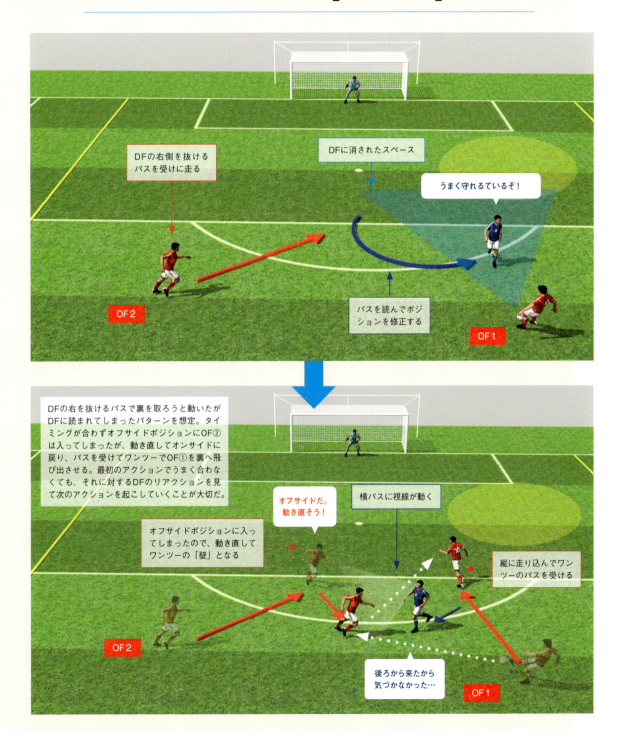

06 ▶ 2対1 ＋ 1GK（縦関係）

パス＆ムーブで「2対1」を攻略する

　横並びでスタートする「2対1」に続いて、ここでは2人が縦関係でスタートする「2対1」を行う。前方のOF②はFW、後方のOF①はMFを想定し、ポストプレーでボールを受けたFWがMFへパスを落とし、そこからの動きでこのシチュエーションを攻略することをイメージする。つまり、「パス＆ムーブ」という一連の流れだ。縦関係になるため、横関係よりもオフサイドになりやすいので、攻撃側の2人はDFを見てタイミングを図ることが大切だ。

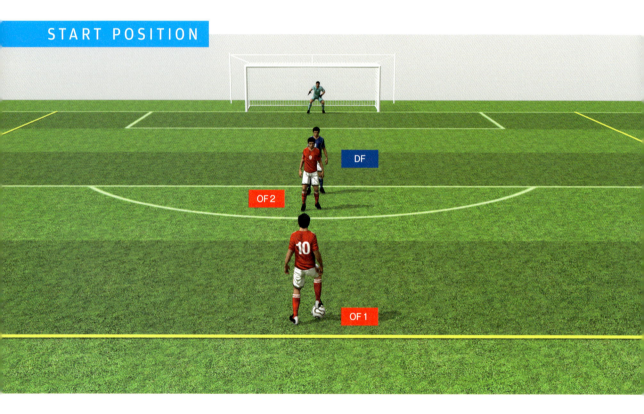

START POSITION

練習方法
攻撃側同士のパス交換後、「2対1」を開始する。CBとFWが対峙し、そこにパスを出すイメージ。

RULE
オフサイドあり。

check!
- オフサイドにならないステップワーク。
- ボールホルダーの状態を見たアクションの選択。

1st ACTION

パス&ムーブ

ポストプレーで落としてからボールを受ける

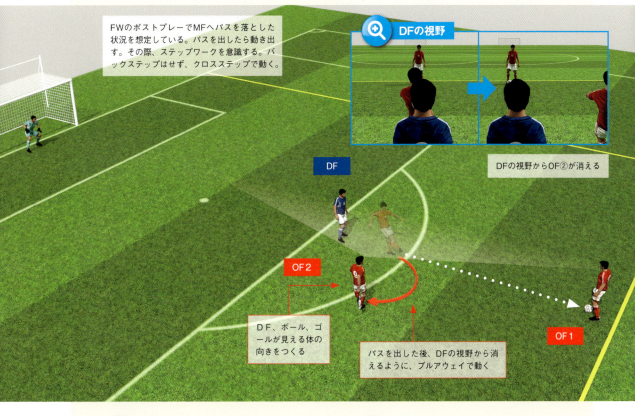

REACTION 1

DFは背後のスペースをケアして後ろに下がる

▼ PATTERN 1

REACTION 2

DFはボールホルダーにプレスをかける

▼ PATTERN 2

soccer tactics 047

2nd ACTION

パス&ムーブ

 PATTERN 1　手前で受ける

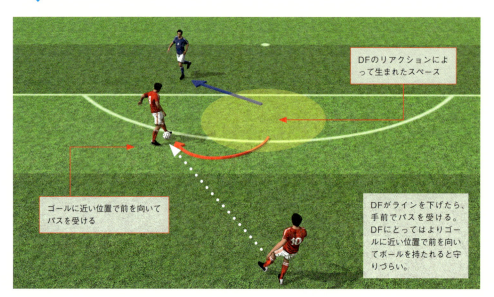

PATTERN 2　背後のスペースで受ける

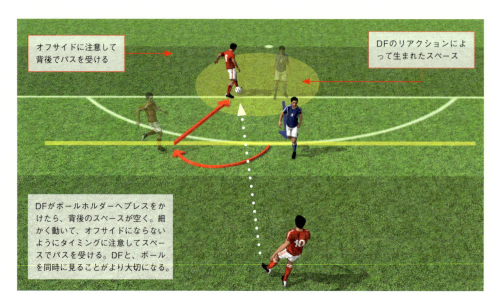

BAD ACTION
▼

 オフサイドになる

DFの視野

飛び出すタイミングが早く、オフサイドの位置にいる

オフサイドの位置にいると、DFはその選手の動きをケアすることなく、ボールホルダーに勝負をかけることができる。DFと1対1の状況となり、数的優位を生かすことができない。

Point 受け方を決めきっていると オフサイドになりやすい

MFにパスを落としたあとに、「背後でパスを受ける」と決めきっていると飛び出す動きが早くなりオフサイドになる確率は高くなる。あくまで、DFやボールホルダーの状態を見て、背後で受けるのか、手前で受けるのか、別のスペースへ動き直すのか判断すること。

横からの視点

soccer tactics 049

07 ▶ 2対1のボールキープゲーム

トレーニングで学ぶ「2対1」のオフ・ザ・ボール①

　先ほどまではゴール前での突破をイメージした動きを紹介したが、今回は「2対1」でボールをキープし続けるトレーニングを行う。基本的なポイントは大きくは変わらないが、ボールを持っていない選手は、DFがどこを守れていて、どこが守れていないかを把握することが大切。ボールを持つ選手を見ることはもちろん必要だが、DFが守ることができていない位置でボールを受け続ければ、ボールをキープし続けることは可能だ。相手の視野を常に頭に入れてやってみよう。

ORGANIZE

RULE

グリッド内での「2対1」。目的はボールの保持。タッチ数制限は目的に応じて変える。フリータッチにするとドリブルが可能になり、味方の動きを助けるなど、オフ・ザ・ボールの目的も変わる。ピッチサイズで難易度を調整する。

Point

相手が守っているスペースを認識する

ボールを持っていない選手は、空いているスペースでパスを受けて、ボールを保持し続けるようにする。その際、DFに守られているスペースを認識したうえで、そこがパスを受けても問題ないスペースなのか判断すること。パスを受けても、DFがすぐにプレッシャーをかけられるところでは受けないように。

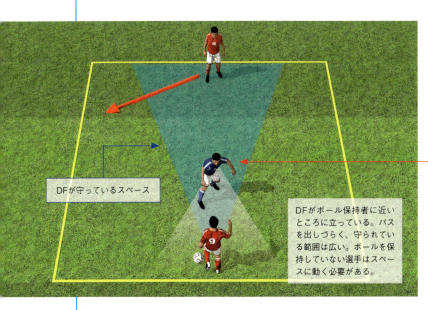

DFが守っているスペース

DFがボール保持者に近いところに立っている。パスを出しづらく、守られている範囲は広い。ボールを保持していない選手はスペースに動く必要がある。

ボールを持っていない選手の視野

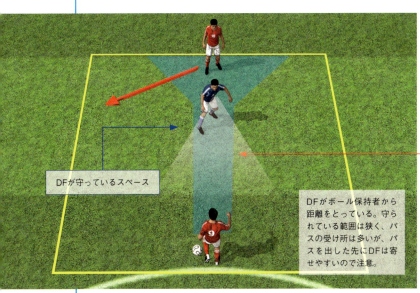

DFが守っているスペース

DFがボール保持者から距離をとっている。守られている範囲は狭く、パスの受け所は多いが、パスを出した先にDFは寄せやすいので注意。

ボールを持っていない選手の視野

soccer tactics 051

GOOD ACTION

 スペースに顔を出してボールを受ける

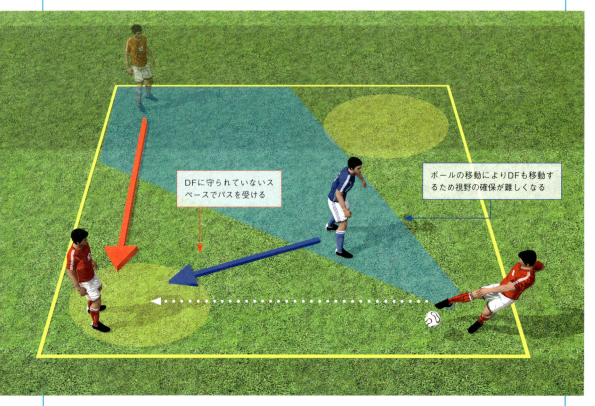

DFに守られていないスペースでパスを受ける

ボールの移動によりDFも移動するため視野の確保が難しくなる

▲DFに守られているエリアを把握したうえで、スペースでボールを受ける。なるべくDFの視野の外で受けたい。DFの視野が動く範囲が大きくなれば、今度はパスを出したほうがまたその視野の外で受けることでボールを保持し続けることができる。

▼近い距離で受けると、DFはあまり動かずにプレッシャーをかけることができてしまう。

 Point

基本的には
DFと距離をとる

　DFから距離が遠い位置で受けることができれば、DFをそのぶん走らせることができるし、すぐにDFのプレッシャーを受けることがなくなる。ただし後述するように、次のプレーを予測できているのであれば、DFから近いところでボールを受けるのは必ずしも悪いことではない。

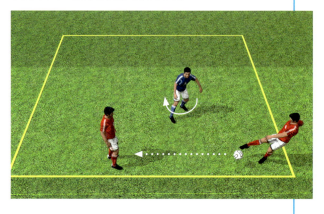

GOOD ACTION

 声のフェイントで味方を助ける

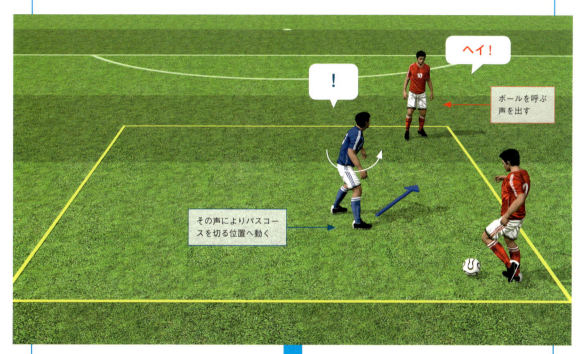

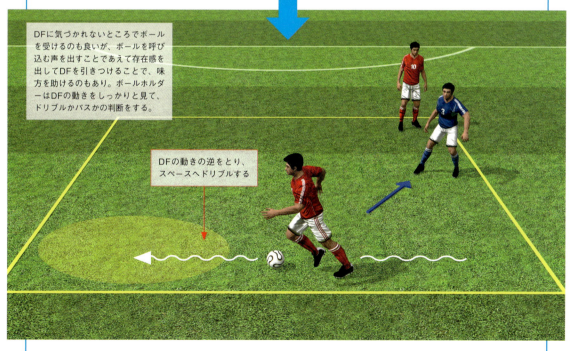

GOOD ACTION

 相手の読みを予測したうえであえて近くで受ける

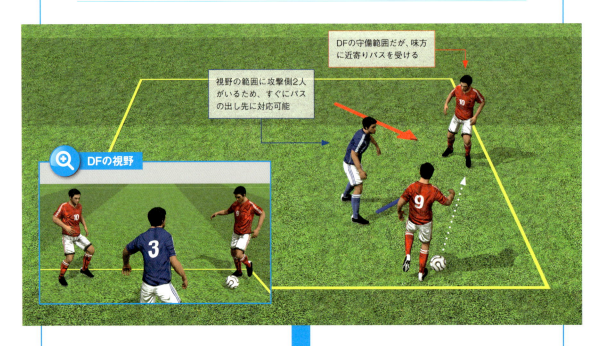

DFの守備範囲だが、味方に近寄りパスを受ける

視野の範囲に攻撃側2人がいるため、すぐにパスの出し先に対応可能

DFの視野

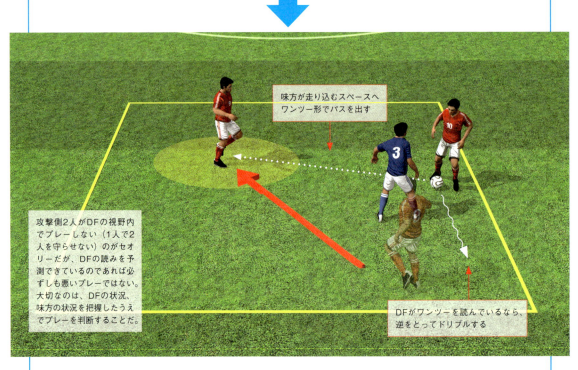

味方が走り込むスペースへワンツー形でパスを出す

攻撃側2人がDFの視野内でプレーしない（1人で2人を守らせない）のがセオリーだが、DFの読みを予測できているのであれば必ずしも悪いプレーではない。大切なのは、DFの状況、味方の状況を把握したうえでプレーを判断することだ。

DFがワンツーを読んでいるなら、逆をとってドリブルする

BAD ACTION
▼
 相手DFの背後に隠れる

DFが守っているエリアの中にいる。DFの背後に隠れている状態

▲相手DFの背後に隠れてしまうと、数的優位が生かせなくなる。相手DFとボール保持者の「1対1」になる。背後に隠れず、顔を出すことが必要。

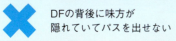 DFの背後に味方が隠れていてパスを出せない

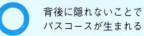 背後に隠れないことでパスコースが生まれる

08　▶ 2対1 ＋ 2GATE

トレーニングで学ぶ「2対1」のオフ・ザ・ボール②

　コーンのGATEを使った「2対1」のトレーニングを行う。通常のゴールではなくコーンでのGATEにすることで、ドリブルで運ぶことになる。つまりゴール前だけではなく、中盤でのプレーも意識したトレーニングとすることができる。

　また、後述するようにオフサイドの有無のルールを設定することでも、実際のゲームで起こりうるシチュエーションをより意識しやすくなる。いま行っているトレーニングが試合のどの場面で活きるのか、それを考えながら選手はプレーし、指導者はトレーニングを実施したい。

ORGANIZE

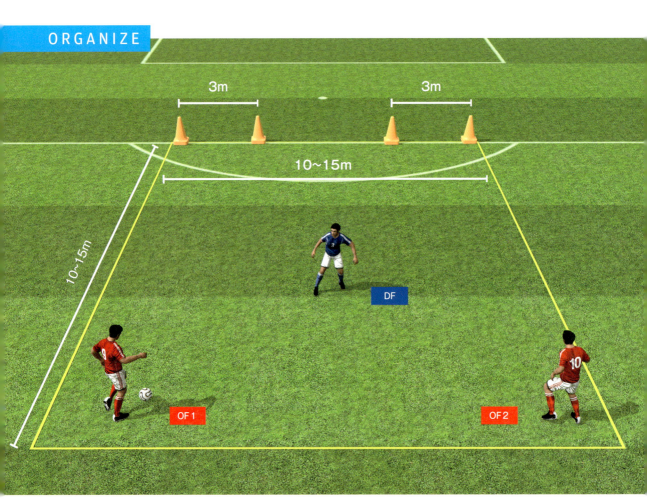

RULE

グリッド内で「2対1」。ゲート間はＤＦ１人で守れるくらいの３ｍほどにする。攻撃者がゲート間をドリブルで通過したら得点。

GOOD ACTION

○ 突破の動き ➡ P42

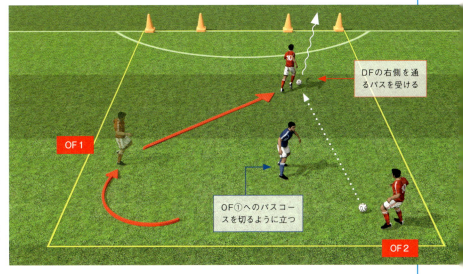

図内ではDFの右側へパスを通すパターン。DFがOF①へのパスコースを切るように立ったら、OF①は前方のスペースでパスを受けて突破を目指す。

DFの右側を通るパスを受ける

OF①へのパスコースを切るように立つ

GOOD ACTION

○ おとりの動き ➡ P44

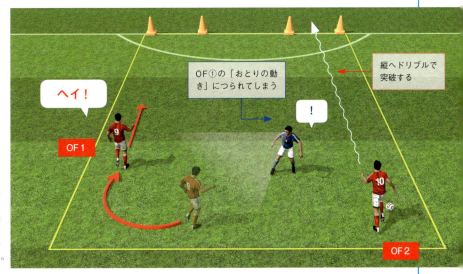

OF①がオフ・ザ・ボールの突破の動きをしかけることで、結果的におとりとなってボールホルダーのドリブルコースが空くパターン。

OF①の「おとりの動き」につられてしまう

縦へドリブルで突破する

ヘイ！

soccer tactics 057

Point

オフサイドの有無で、実際のゲームでの シチュエーション別のトレーニングとなる

オフサイドありの場合
→ ゴール前での「2対1」

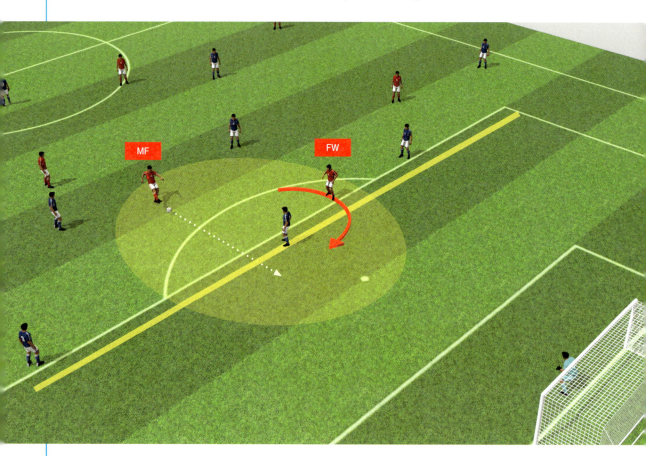

当然、最終ラインを突破する際にはオフサイドのタイミングを図る必要がある。MFのパスにFWが裏へ飛び出してパスを受けるなど、ゴール前のシチュエーションに対応したトレーニングとするためには、ルール設定もオフサイドありで行う。

オフサイドありで行うか、なしで行うか。その違いで、異なるシチュエーションに対応したトレーニングとなる。オフサイドありで行う場合は、そのままゴール前での「2対1」のシチュエーション。逆にオフサイドなしの場合は、例えば中盤でビルドアップ中の「2対1」のシチュエーションを想定できる。目的に沿って、ルール設定を変えることが大切だ。

オフサイドなしの場合
→ 中盤でのビルドアップ

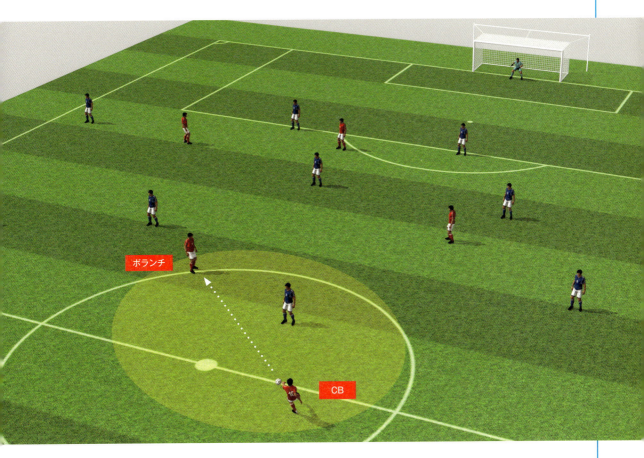

例えば、プレッシャーをかけてきた相手の1トップに対して、CBとボランチで「2対1」の数的優位をつくってボールを前進させることができる。そのようなシチュエーションを想定するのであれば、中盤のためオフサイドを考える必要はない。

第 3 章

2対2

相手と数的同数である「2対2」を攻略するためには、攻撃側の2人が意図を共有し、相手を動かしてスペースをつくり、そのスペースを使うことが必要だ。オーバーラップとインナーラップを巧みに仕掛けて、相手の守備網を突破しよう。

soccer tactics 061

09

▶ ２対２ ＋ １サーバー ＋ １GK

オーバーラップ＆インナーラップで「2対2」を攻略する

「２対２」の状況における、オフ・ザ・ボールの動きのポイントは、オーバーラップ（裏のスペースを使う）とインナーラップ（手前のスペースを使う）をいかに使うかどうか。うまく使うためには、お互いが同じ動きをしないように意識して、2人の狙いが重ならないようにすることが大切。

味方同士が「逆の動き」をすることで「幅」と「深み」をつくり、スペースを創出して攻略する。相手ＤＦのそれぞれが攻撃側の２人をマンマークで対応せざるを得ない状況を生み出すことで、ＤＦがうまくカバーリングすることができないポジションをとる。

START POSITION

練習方法

サーバーがグリッド内へパスを入れて攻撃開始。攻撃側の2人は2トップのイメージ。

RULE

オフサイドあり（ペナルティーエリアから適用するなど工夫が必要）。

✓ check!

- ☐ スペースをつくり、使うためにお互いが協力する。
- ☐ もう一方の味方にボールが渡ったときの関わり方を意識。
- ☐ オーバーラップ、インナーラップの判断。
- ☐ 相手と駆け引きする。

1st ACTION

オーバーラップ＆インナーラップ

【「幅」と「深み」をつくり次のアクションの準備をする】

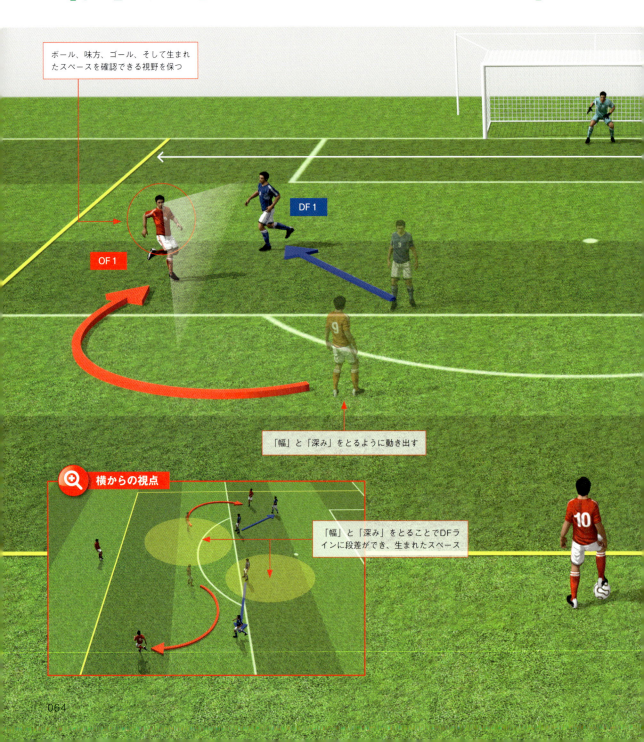

攻撃側の2人は、互いの動きを見ながら動きが重ならないように注意してファーストアクションを起こす。「幅」と「深み」をとるように動くことでDFの距離が開き、またDFラインに段差が生まれ、スペースがつくり出される。

その際、ボール、味方、ゴール、そして生まれたスペースを確認できる視野を保つ。サーバーからボールが入ったら、次のアクションとして状況に応じてオーバーラップまたはインナーラップのアクションにつなげる。

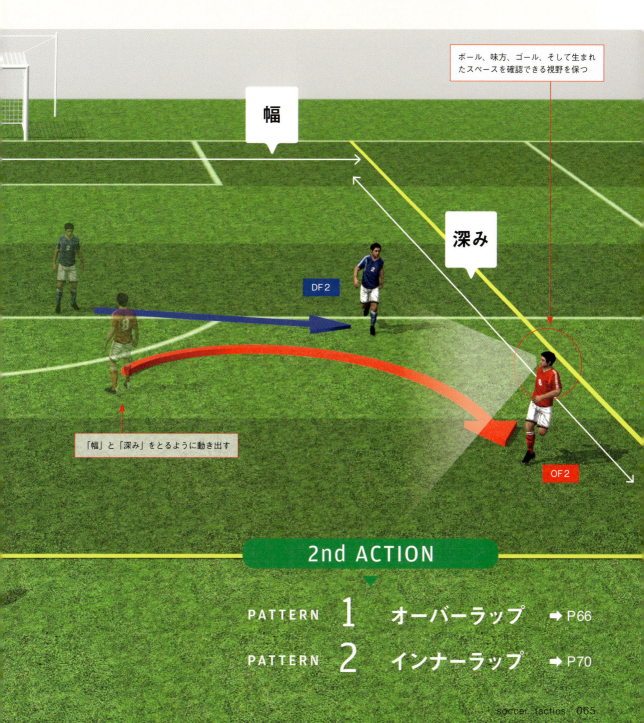

2nd ACTION

PATTERN 1　オーバーラップ　➡ P66

PATTERN 2　インナーラップ　➡ P70

2nd ACTION
オーバーラップ＆インナーラップ

PATTERN 1　オーバーラップ

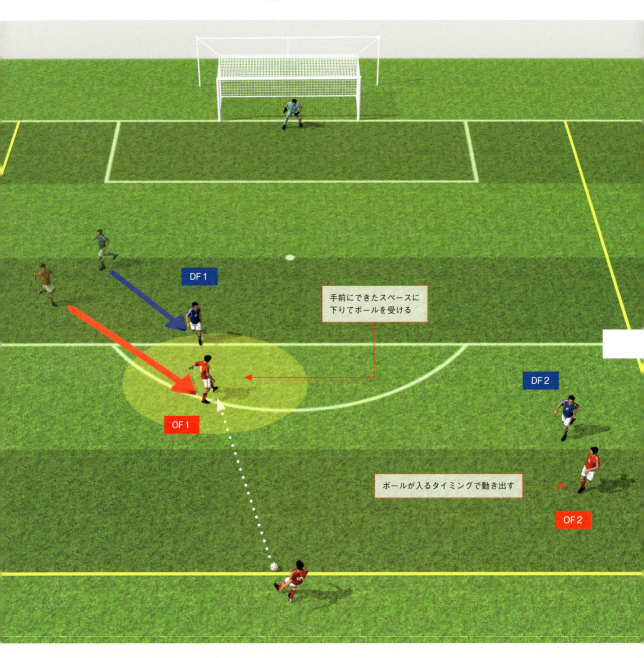

OF②は、ボール（味方）、相手ＤＦ、相手ＧＫの状態を視野に入れながらスペースへ向けてオーバーラップを仕掛ける。ボールを保持しているOF①の状態によっては、追い越さずに動き直す選択肢も出てくる。何も考えずにボール保持者の外側を走ることが目的にならないように注意。DF②はオーバーラップの動きについてくるが、OF②の動きを見てからついてくるため、多くの場合はOF②が先に到達する。

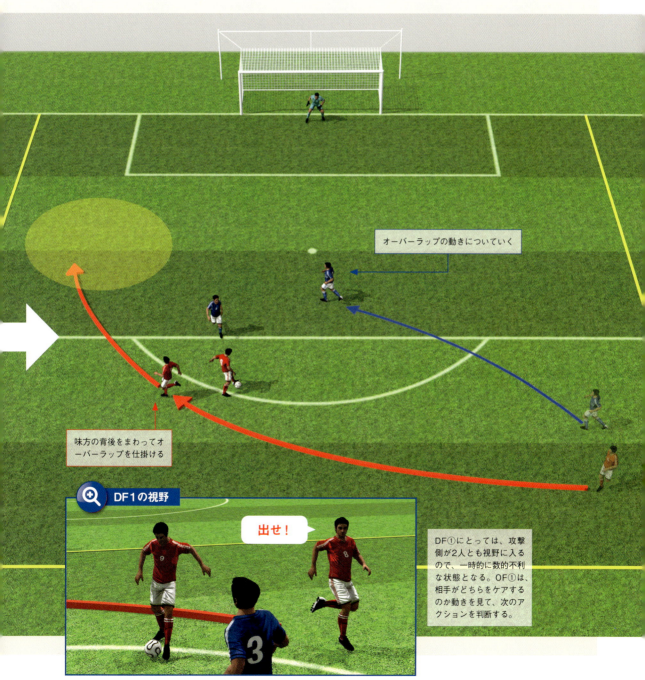

オーバーラップの動きについていく

味方の背後をまわってオーバーラップを仕掛ける

DF1の視野

出せ！

DF①にとっては、攻撃側が2人とも視野に入るので、一時的に数的不利な状態となる。OF①は、相手がどちらをケアするのか動きを見て、次のアクションを判断する。

soccer tactics 067

2nd Action

オーバーラップ＆インナーラップ

PATTERN 1　オーバーラップ

【オーバーラップした味方を使う】

OF①からは、自分に対応しているDF①と、オーバーラップする味方をケアするために走るDF②の両方が見えている。ドリブルとパスの両方の選択肢を持ちながら、DF②が間に合っていないようであれば、オーバーラップした味方へパスを出し、シュートまでもっていこう。パスありきでは相手に読まれてしまうので、駆け引きをする。

【味方をおとりに使って中へ進入する】

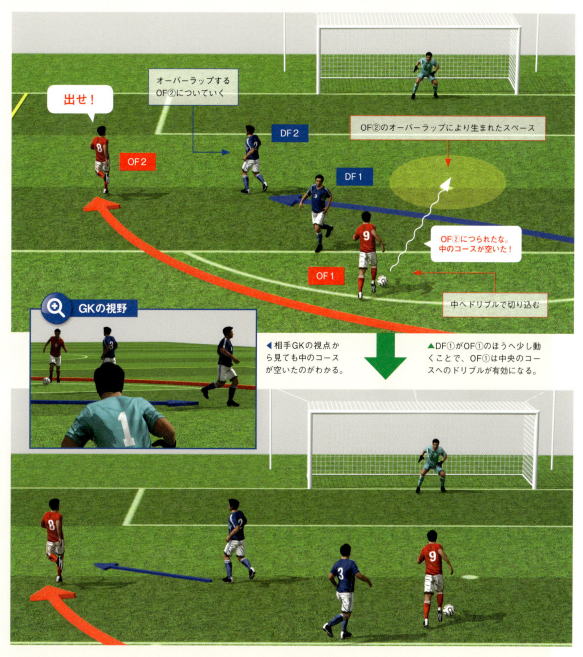

▲ボールホルダーに対応するDF①はオーバーラップしてくるOF②の動きが視野に入っているため、そちらをケアしようとやや縦を切るポジションに動く可能性がある。またDF②もOF②をケアしようと必死に走る。そのため、中央のスペースが空きやすい。OF①はDFの動きを見て、空いたスペースへドリブルで進入してシュートを打とう。

soccer tactics 069

2nd ACTION

オーバーラップ＆インナーラップ

PATTERN 2 インナーラップ

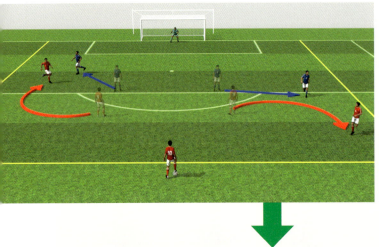

1st ACTION

攻撃側の2人は「幅」と「深み」をつくるように動いてDFと距離をとる。

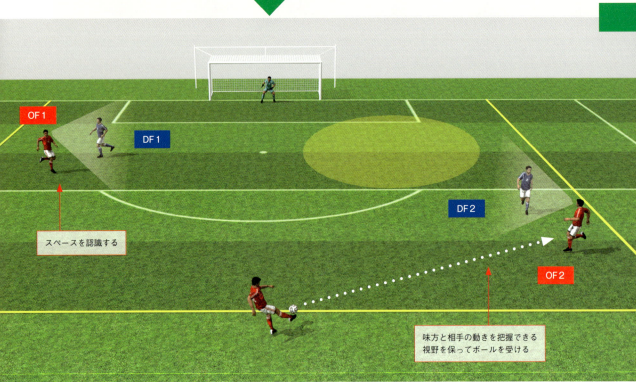

スペースを認識する

味方と相手の動きを把握できる視野を保ってボールを受ける

手前のOF②にボールが入ったら、OF①がインナーラップを仕掛ける。ボールを保持しているOF②に対応しているDF②は、背後にいるOF①とDF①の動きは見えていないので、OF①はその死角を突くことになる。声を出さずに走り込んでもいいし、逆に声を出して存在感を示すことでOF②とDF②が駆け引きを行う材料ともなる。

横からの視点

1st ACTIONで「幅」と「深み」をとったことにより生まれたスペース

インナーラップでスペースへ走り込む

対峙するDFと、スペースへ走る味方の動きを把握して次のアクションを判断する

2nd ACTION

オーバーラップ＆インナーラップ

PATTERN 2　インナーラップ

【インナーラップした味方を使う】

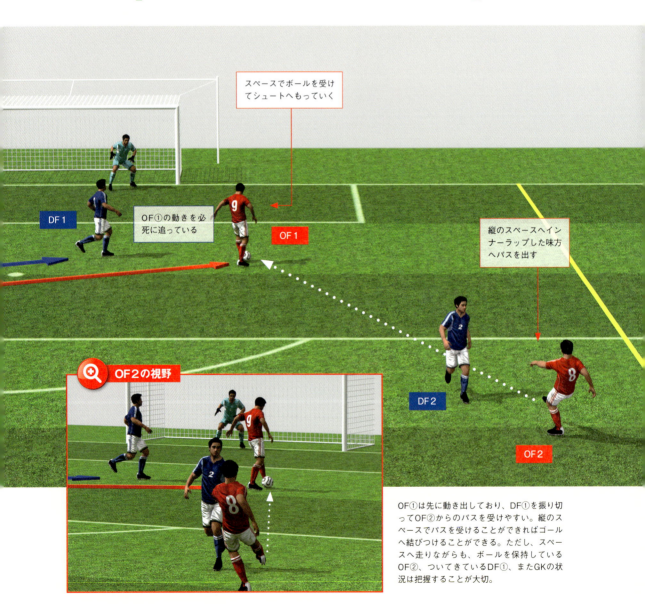

スペースでボールを受けてシュートへもっていく

OF①の動きを必死に追っている

縦のスペースへインナーラップした味方へパスを出す

OF②の視野

OF①は先に動き出しており、DF①を振り切ってOF②からのパスを受けやすい。縦のスペースでパスを受けることができればゴールへ結びつけることができる。ただし、スペースへ走りながらも、ボールを保持しているOF②、ついてきているDF①、またGKの状況は把握することが大切。

【味方をおとりに使って中央へ進入する】

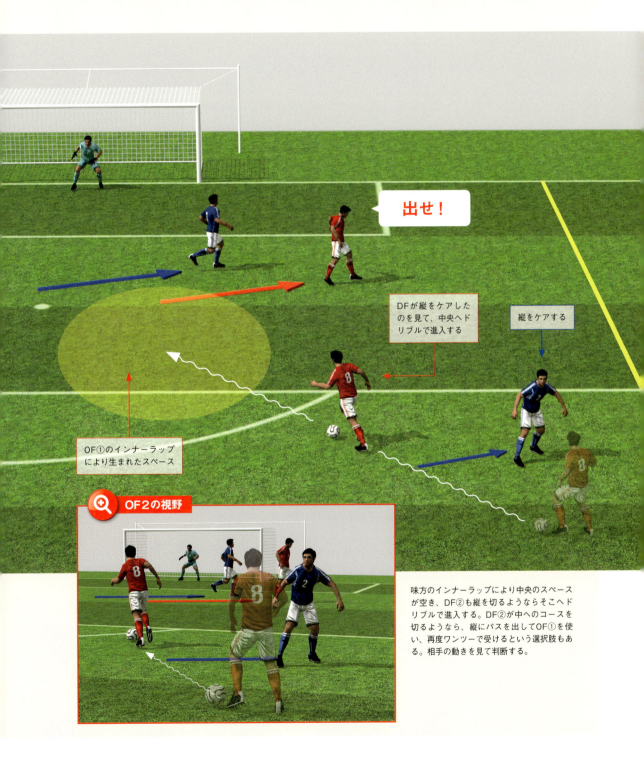

味方のインナーラップにより中央のスペースが空き、DF②も縦を切るようならそこへドリブルで進入する。DF②が中へのコースを切るようなら、縦にパスを出してOF①を使い、再度ワンツーで受けるという選択肢もある。相手の動きを見て判断する。

soccer tactics 073

BAD ACTION

✖ 「幅」と「深み」をとらない

　1st ACTION の頁（→ P64）で説明した通り、「2対2」の攻防（あるいはそれ以上の人数での攻防）において、攻撃側はスペースをつくり出すための最初のアクションとして「幅」と「深み」をとることが大切。また、ピッチ内での状況にもよるが、「幅」と「深み」のどちらかをとればいいのではなく、両方同時にとることを「2対2」の攻略のベースとして学んでほしい。

　「幅」と「深み」をとらなかった場合、守備側の2人は攻撃側の2人を視野でとらえやすい。つまり、1人で2人を守っている状況となり、攻撃側は攻撃の基本である数的優位をつくり出すことができない。オーバーラップやインナーラップなど、どの手段で攻撃を仕掛けるにせよ、まずは DF を動かすアクションを起こしてスペースをつくり、そこから相手や味方の状況を把握しながら、相手と駆け引きをして、よりベストな判断をするというプロセスを踏んでいくようにしたい。

START POSITION

⭕ 「幅」と「深み」をとっている

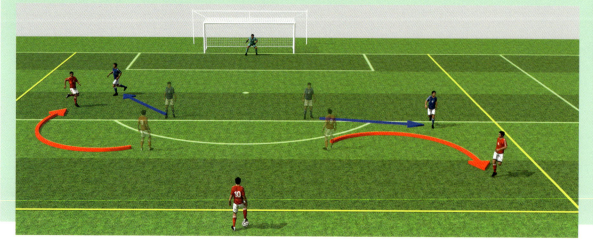

「幅」をとっていない

攻撃側2人が前後の関係で「深み」をとろうとしているが、「幅」をとっておらず、わずかなスペースしか生まれていない。

 ## 「深み」をとっていない

攻撃側2人がパスを受けようと両サイドに開いている。「幅」はとれるが「深み」がないため、ボールを前進させるためのスペースは生まれない。

10 ▶ 中央エリア限定の2対2 ＋ 1サーバー ＋ 1GK

トレーニングで学ぶ「2対2」のオフ・ザ・ボール①

「2対2」を攻略するための基本的な動きは前頁までで説明した通りだ。ここではその動きを引き出すためのトレーニングを紹介する。行うのは、前後にエリアを分けた状態からスタートするトレーニング。これにより、最初から「深み」がとれているので、オーバーラップ、インナーラップ、あるいはワンツーを使いやすいシチュエーションをつくり出している。攻撃側は、お互いの動きを見て、どのスペースを使うのが有効かを判断し、攻略しよう。

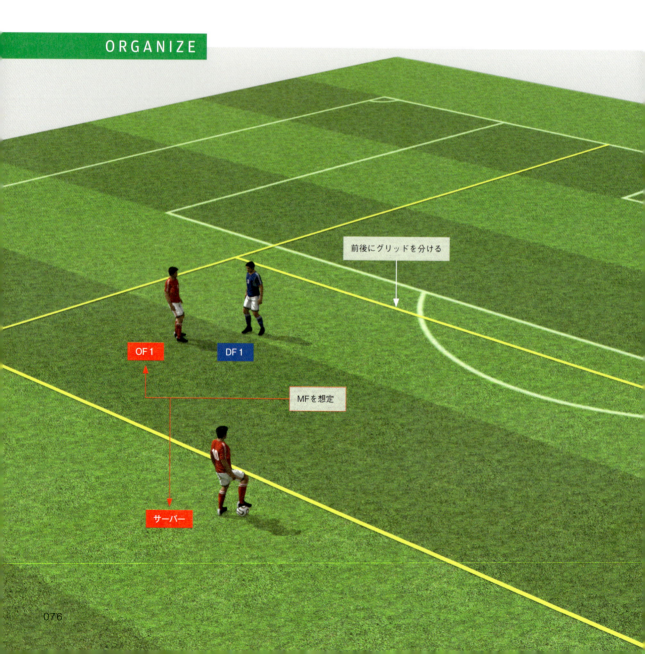

ORGANIZE

前後にグリッドを分ける

OF1　DF1

MFを想定

サーバー

RULE

エリアを前後に分け、それぞれのエリアに攻撃側、守備側が1人ずつ入り、サーバーを配置する。サーバーがグリッド内へパスを入れたら攻撃開始。攻撃側の2人はＦＷと２列目のイメージ。オフサイドの有無は状況によって変える。

✓ check!

- ☐ 「深み」を使った攻撃。
- ☐ 味方を追い越す動き。
- ☐ おとりになる動き。
- ☐ 相手との駆け引き。
- ☐ 味方との連携。
- ☐ スペースをつくり、使う。

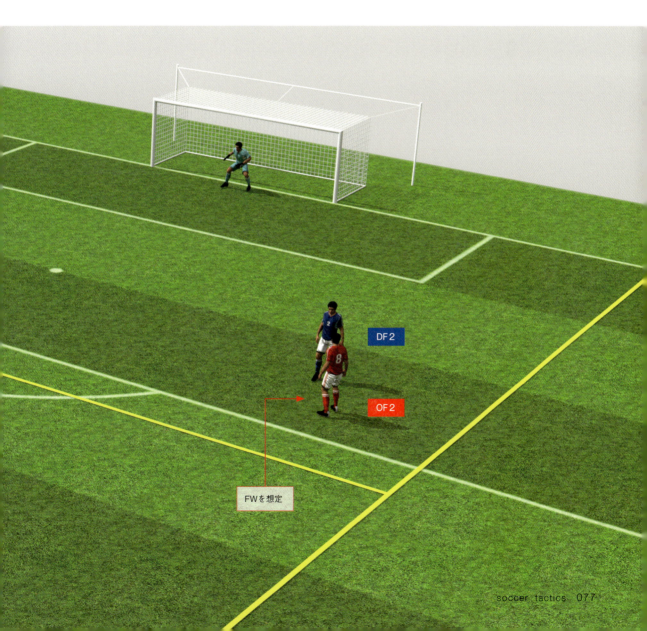

FWを想定

それぞれが見えている景色の把握

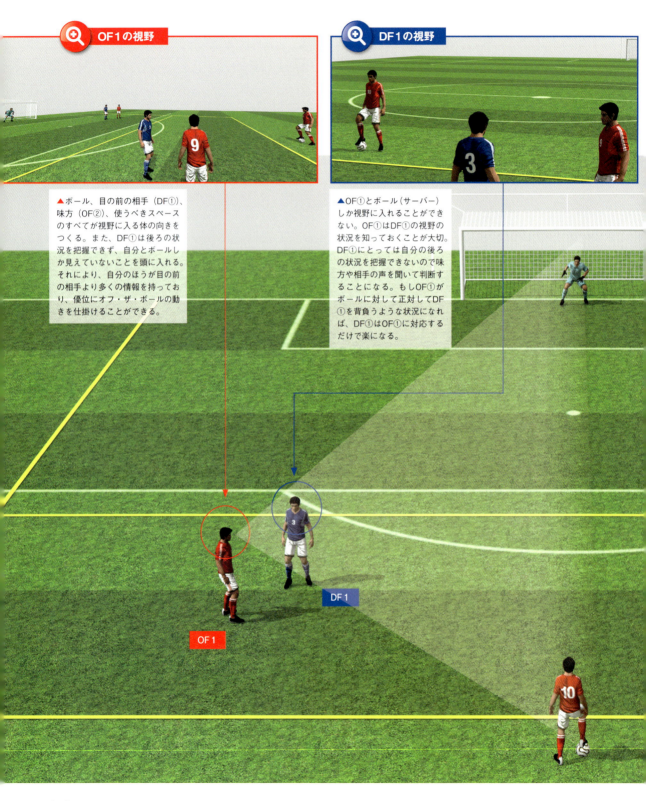

OF1の視野

▲ボール、目の前の相手（DF①）、味方（OF②）、使うべきスペースのすべてが視野に入る体の向きをつくる。また、DF①は後ろの状況を把握できず、自分とボールしか見えていないことを頭に入れる。それにより、自分のほうが目の前の相手より多くの情報を持っており、優位にオフ・ザ・ボールの動きを仕掛けることができる。

DF1の視野

▲OF①とボール（サーバー）しか視野に入れることができない。OF①はDF①の視野の状況を知っておくことが大切。DF①にとっては自分の後ろの状況を把握できないので味方や相手の声を聞いて判断することになる。もしOF①がボールに対して正対してDF①を背負うような状況になれば、DF①はOF①に対応するだけで楽になる。

OF①と DF①の視野の違い

OF①とDF①は近くにいるが、2人の視野は決定的に異なる。OF①は背後のスペースやOF②が見えているのに対して、DF①はボールの動きに注視するため自分の背後はまったく見えない。この景色の違いを、OF①は有効に使いたい。

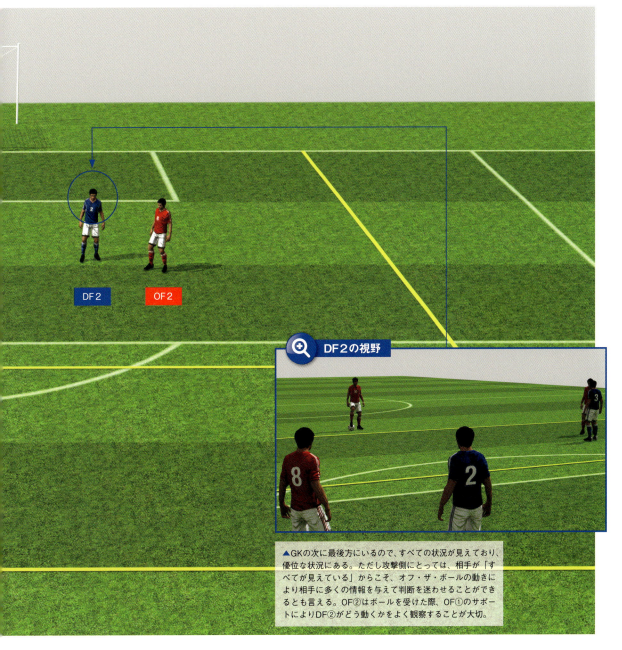

▲GKの次に最後方にいるので、すべての状況が見えており、優位な状況にある。ただし攻撃側にとっては、相手が「すべてが見えている」からこそ、オフ・ザ・ボールの動きにより相手に多くの情報を与えて判断を迷わせることができるとも言える。OF②はボールを受けた際、OF①のサポートによりDF②がどう動くかをよく観察することが大切。

soccer tactics 079

GOOD ACTION

オーバーラップを使った崩し

奥のエリアにいる OF ②へサーバーからパスが入った状況を想定する。パスが入ると同時に OF ①は動き出し、オーバーラップを仕掛ける。OF ①は DF ①よりも多くの情報を持っているので、DF ①よりも先に動き出すことができ、振り切ることができるはずだ。

OF ②の右側のスペースへ走り込むことで DF ①がついてくるので、よりゴールに近い OF ②の左側にスペースをつくることもできる。OF ②は DF ②の動きをよく見て、ドリブル突破か OF ①へのパスのどちらを使うかを判断する。

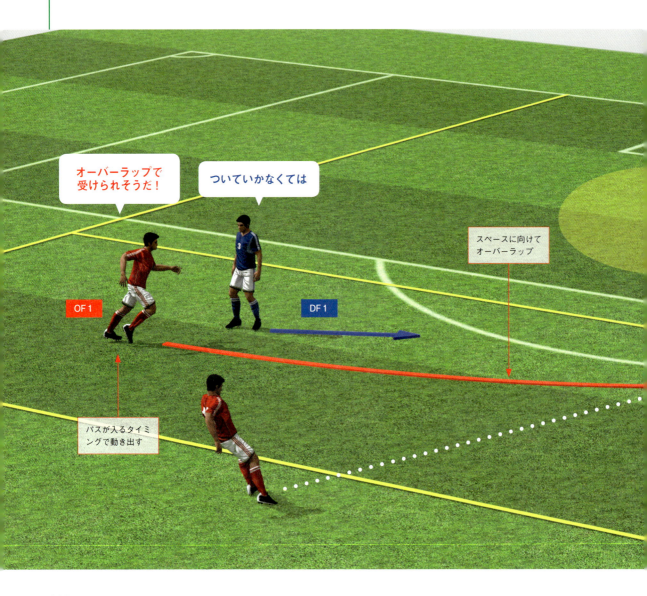

Point: OF②は前を向いてボールを受ける

サーバーがボールを持っている際のOF②のオフ・ザ・ボールの動きとして、DF②の状況を見られる体の向きをつくったうえでサーバーからのパスを受け、前を向きたい。サーバーに対して正対しDF②を背負う状態だと、OF①がオーバーラップを仕掛けても、DF②の動きが見えず、次の判断はできない。

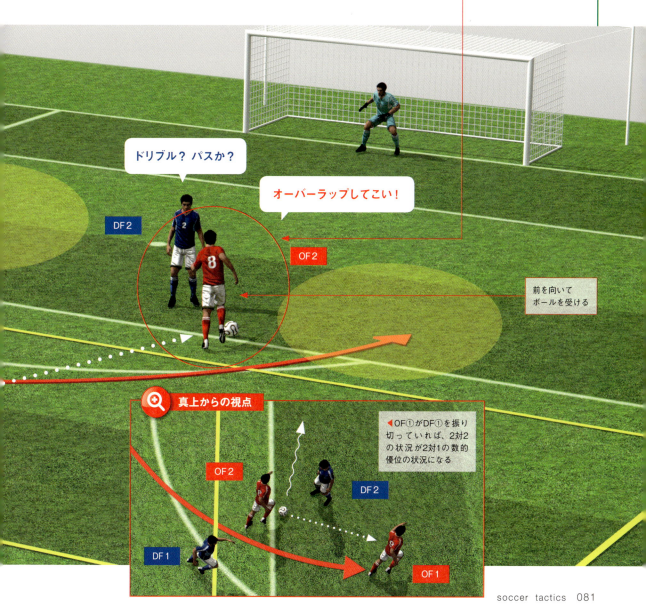

GOOD ACTION

〇 インナーラップを使った崩し

　手前のエリアにいるOF①にサーバーからパスが入った状況を想定する。パスが入ったときにしっかりと「幅」と「深み」をつくれていれば、OF①の縦側にスペースができているはずなので、OF②はそこへインナーラップを仕掛ける。OF①からOF②へパスが通り、前を向くことができれば、そのままシュートへ直結させることができる。スペースへ走り抜けるのもいいが、ボールや相手の状況によっては次のページで説明するように、ワンツーの「壁」になる動きへ切り替えることも必要だ。

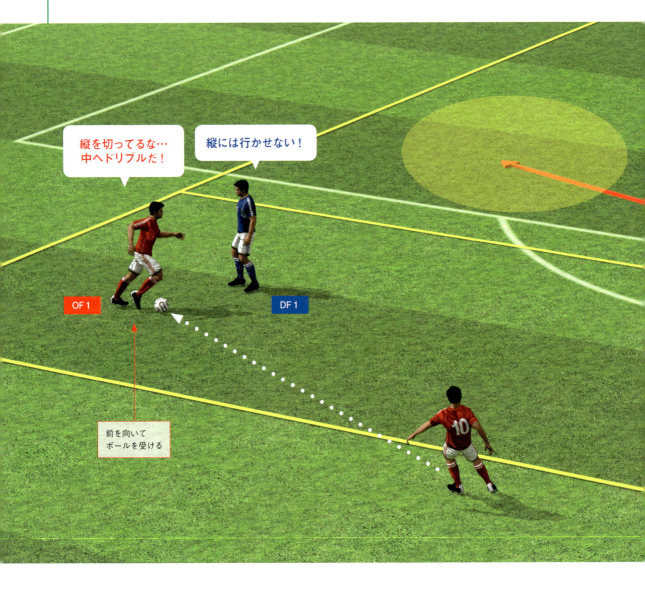

OF①はDF①の立ち位置により アクションを選択

　OF①の前で対応するDF①は、自分の後ろの状況を目では確認することができないので、その状況が見えているOF①は有利な状況にある。DF①の立ち位置によって、インナーラップを仕掛けたOF②を使うのか、その動きによって空いたスペースへドリブルを仕掛けてシュートまで持っていくのか、次のアクションを判断しよう。

OF1の視野

スペースに向けて
インナーラップ

縦のスペースで受けよう！

DF 2

OF 2

真上からの視点

OF 1

DF 1

◀DF①の立ち位置によって、OF①は縦のスペースにパスを出すのか、中へドリブルを仕掛けるのか判断する。

soccer tactics　083

GOOD ACTION

 インナーラップからワンツーへの切り替え

OF ②がインナーラップを仕掛けたとして、もしDF ①がその動きに気づいて縦を切ればDF ②はついてこずに中央をケアするので、OF ①はドリブルもパスも選択が難しい状況になる。そうなった場合は、OF ②が手前に下りてワンツーの「壁」になることで、突破口を開くことができる。OF ②は状況を確認しながら走ろう。

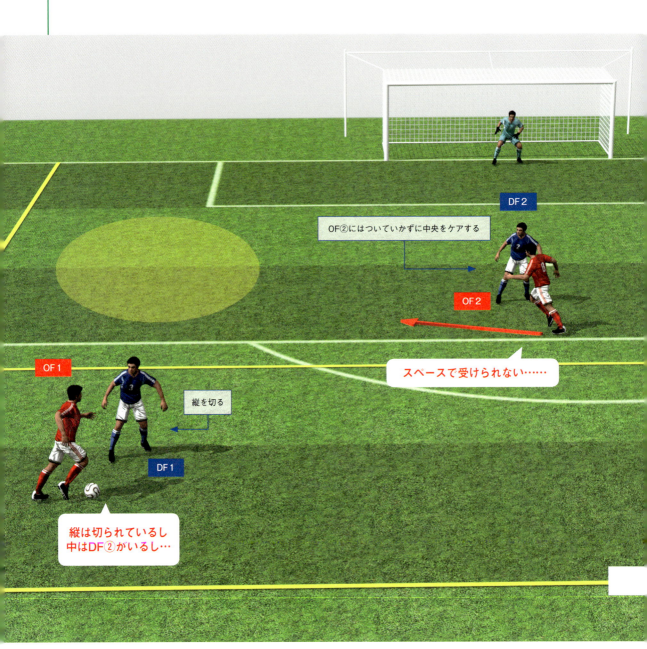

Point 一瞬の判断でワンツーに切り替える

　下図の状況であればワンツーは成功しやすいが、OF②がワンツーのために動き直したとしても、OF①がそれを感じ取っておらずに判断が遅れ、OF②が止まっているところにOF①がパスを出すとDF②にインターセプトされやすい。しっかりと状況を把握したうえで、OF②が動き直したタイミングでOF①からパスを出すという一瞬の判断での切り替えが大切だ。

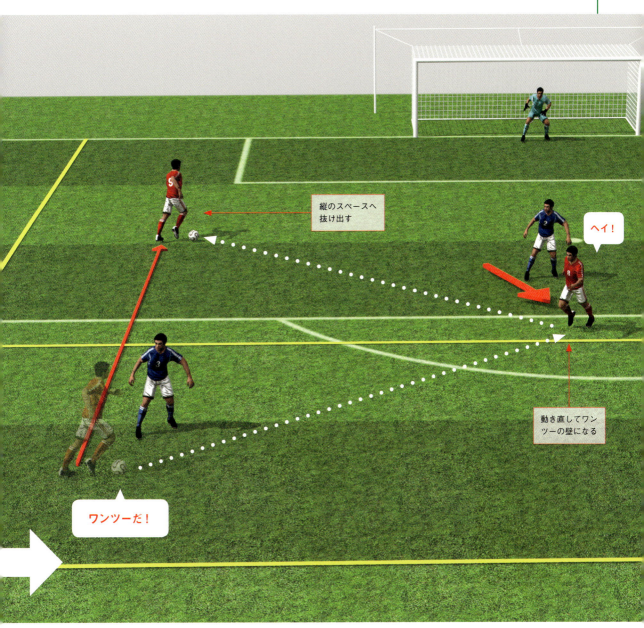

縦のスペースへ抜け出す

ヘイ！

動き直してワンツーの壁になる

ワンツーだ！

BAD ACTION
▼
 攻撃側2人の動きが連動していない

【2人が一直線上に並ぶ】

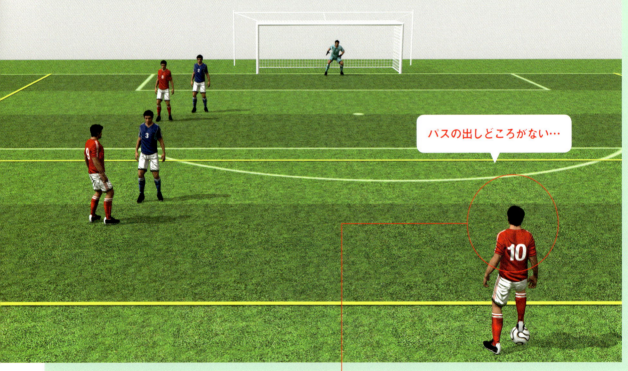

パスの出しどころがない…

▲サーバーからのパスに選択肢がなく、パスが入ったとしても守備側にとってはすべて視野の中でのプレーになるので、対応が楽になる。パスを受けても、次のアクションの選択肢がほぼない状態となっている。

サーバーの視野

【「深み」をとれていない】

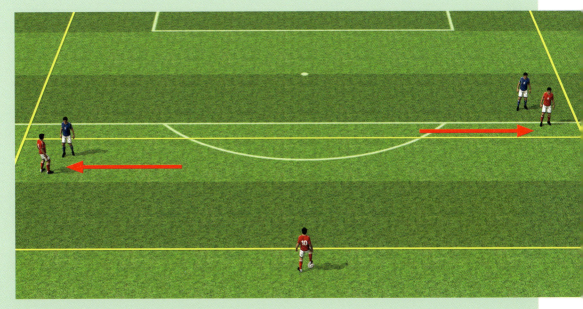

▲エリアを分けて「深み」をつくりやすい状況でのトレーニングにもかかわらず、「深み」を消してしまっている状況。攻撃側2人が横並びの状態だとDFラインに段差は生まれず、攻撃側が次に使うスペースも生まれない。

GOAD ACTION
▼

 理想的な攻撃側の動き

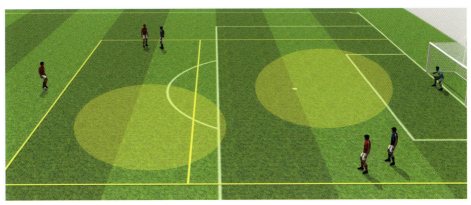

▲「幅」と「深み」をしっかりとつくれていればDFに段差が生まれて、使えるスペースが広がる。

soccer tactics 087

BAD ACTION
▼
 ボールの受け方が悪く、良い視野になっていない

【パスを受けるだけ】

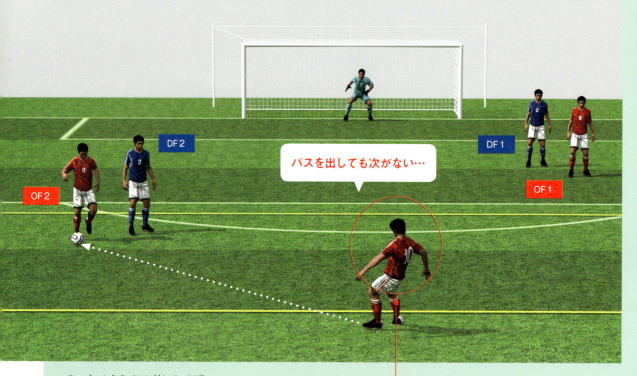

▲サーバーからのパスに対して、OF②は完全にサーバーのほうを向いて受けてしまっている。パスが渡ったとしても、自分の背後にいるDF②やOF①とDF①の動きが見えていないので、次のアクションを適切に選択できない。

サーバーの視野

▶サーバーから見ても、OF②の視野が良い状態になっていないのは明白。

【味方が見えないほうを向く】

▲ポストプレーとして上図のように外側を向いてボールを受けがちだが、マークするDF②の状況が把握できないと、味方がサポートに入ってきてもアクションの選択に根拠を持てない。また、外側を向いてボールを受けてしまうと、味方と連携することもできない。オフ・ザ・ボールの段階でしっかりと情報を入れたうえで受けること。

▶後ろにいる相手や味方は見えていない。

11　▶ 2対2 ＋ 2サーバー

トレーニングで学ぶ「2対2」のオフ・ザ・ボール②

同じく「2対2」のトレーニングメニュー。今回は両サイドにサーバーを配置して行う。両サーバー間のパスもOKであるため、実際は4対2の形となる。目的を、「ボール保持」と「ライン突破」の2つに分けて行うことで狙いとするところも変わってくるので、必然的にオフ・ザ・ボールでボールを引き出す動きも変わってくる。その点を意識して取り組もう。

ORGANIZE

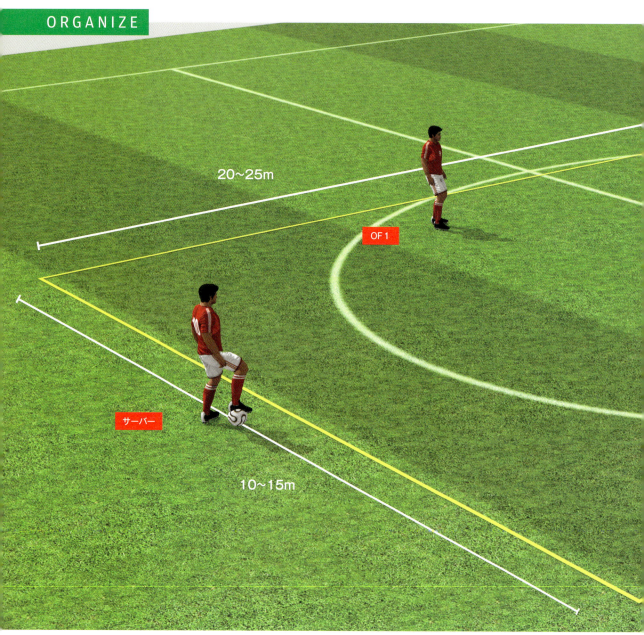

RULE

グリッド内は「2対2」。サーバーを含めると「4対2」。目的を「ボール保持」と、相手と駆け引きしての「ライン突破」に分けて行う。突破するときは攻撃方向を決める。サーバーは2タッチまたは1タッチ制限。

check!

- ☐ 相手の逆をとる。
- ☐ ボールの動きを予測する。
- ☐ 「深み」と「幅」を意識し、いかにスペースを使うかを考える。
- ☐ ゲームを意識して行う。
- ☐ 攻撃側はサーバーを使い、数的優位を生かす。

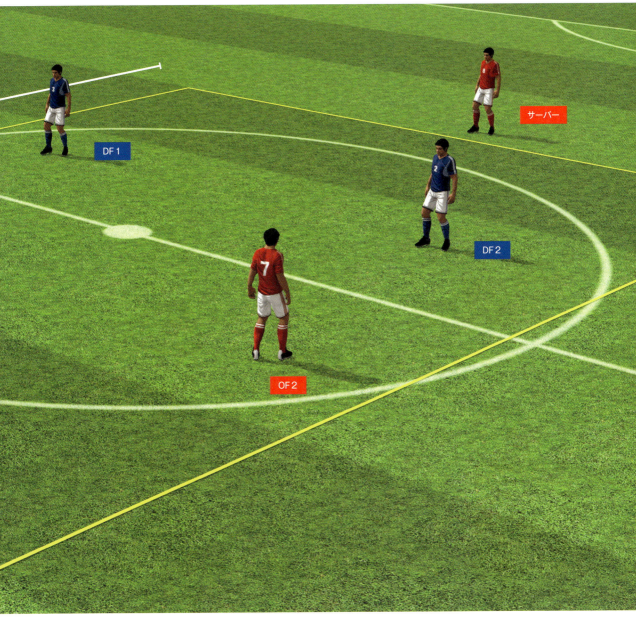

PATTERN 1 ボール保持

「2対2」のトレーニングではあるが、サーバーを含めた数的優位を生かしてボールを保持し続けることを目的にして行う。グリッド内の2人は狭いエリアの中でパス交換をするだけではなく、サーバーを使いながら逆サイドへ展開、そこからまたボールを保持するということを意識する。ボールの動きを予測して、次にどの位置に動けば良いボールの受け方をできるのか常に考えてプレーする。

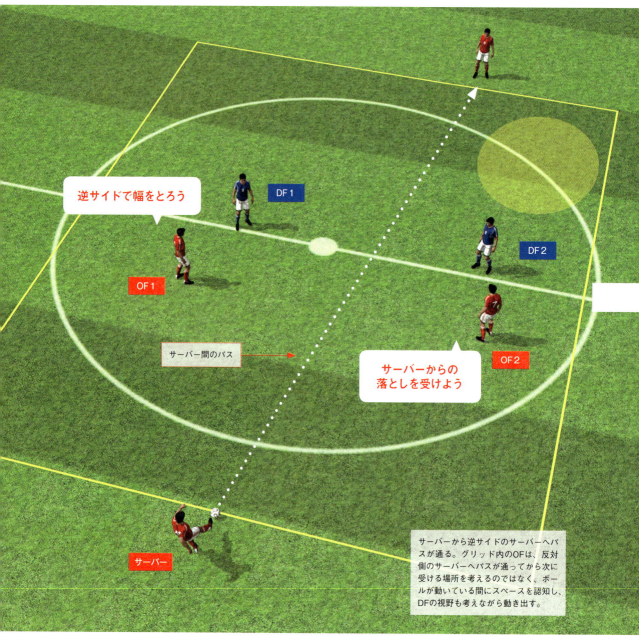

逆サイドで幅をとろう

サーバー間のパス

サーバーからの落としを受けよう

サーバーから逆サイドのサーバーへパスが通る。グリッド内のOFは、反対側のサーバーへパスが通ってから次に受ける場所を考えるのではなく、ボールが動いている間にスペースを認知し、DFの視野も考えながら動き出す。

OF2の視野

◀ ボール、DF、味方の位置を把握できる体の向きをつくる。ボールを受けに走っているときからこれらの情報を入れておく。

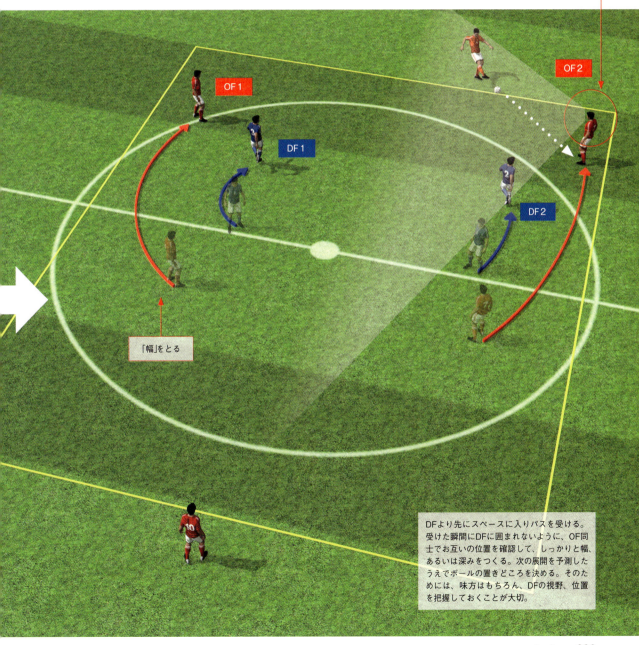

「幅」をとる

DFより先にスペースに入りパスを受ける。受けた瞬間にDFに囲まれないように、OF同士でお互いの位置を確認して、しっかりと幅、あるいは深みをつくる。次の展開を予測したうえでボールの置きどころを決める。そのためには、味方はもちろん、DFの視野、位置を把握しておくことが大切。

PATTERN 2　ライン突破

　攻撃方向を決めて、反対側のラインを突破するルールで行う。PATTERN 1と同じグリッドサイズ、人の配置でも、ルールや目的が変われば必要な動きは変わってくる。実際のゲームを意識して、オーバーラップやインナーラップ、ワンツー、あるいはサーバーを使った3人目の動きなどを駆使してライン突破を目指す。ボール保持のルールで行うときよりも、グリッド内の2人で「幅」や「深み」をつくることがライン突破のルールでは大切になってくる。

【オーバーラップ】

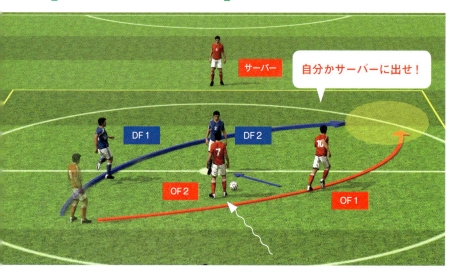

◀味方のOFの後ろを追い越して奥のスペースを狙う。スペースでボールを受けてもいいし、結果的にそれがおとりの動きとなり、ボールホルダーのドリブル突破をサポートする動きともなる。

【インナーラップ】

◀ボールホルダーの内側を横切って奥のスペースを狙う。ボールに対峙するDFからはこの動きは見えないので、ボールホルダーはDFの動きをよく見てアクションを判断する。インナーラップを狙う選手もDFの位置を見て、スペースで受けられないのであればワンツーの壁になるなど動きに変化をつける。

【3人目の動きを使った突破】

3人目の動きについて詳しくは第4章で解説するが、ここでは1人目を味方あるいは片方のサーバー、2人目を反対側のサーバーとすることで、OFの1人は3人目としてボールを受けることができる。1人目から2人目へパスが出そうなタイミングで動き始めるのがポイントだ。

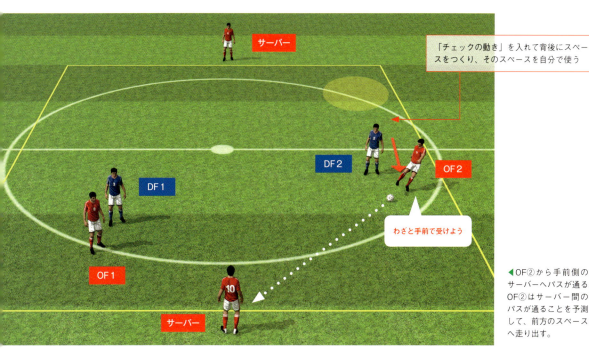

◀OF②から手前側のサーバーへパスが通る。OF②はサーバー間のパスが通ることを予測して、前方のスペースへ走り出す。

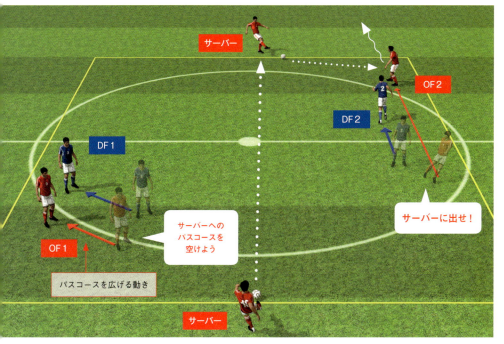

◀反対側のサーバーへパスが通ったら、OF②はパスを受けてドリブルでラインを突破する。手前のサーバーが1人目、奥のサーバーが2人目、そしてOF②が3人目の動きでラインを突破した形だ。OF①は、OF②の動きから次のプレーを予測して、サーバー間のパスコースを広げる動きでアシストする。

soccer tactics 095

GOOD ACTION

◯ サーバー間のパスコースを確保する

　ボール保持の場合でも、ライン突破の場合でも、どちらのルールでもサーバーがいることによる数的優位を生かすためには、両サーバー間のパスコースをつねに確保することを意識する。攻撃側の2人の距離が近づいてサーバー間のパスコースを消してしまうと、DFにとっては「2対3」となり、ボールを奪いやすい状況となってしまうからだ。つねに攻撃側2人が「幅」をとっていると動きが制限されてしまうが、サーバーがボールを持った際にはお互いの位置を確認してパスコースを広げておきたい。

◯ サーバー間のパスコースが空いている

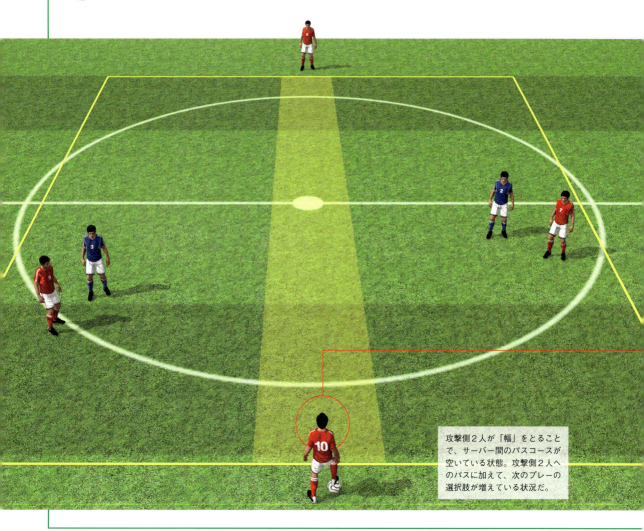

攻撃側2人が「幅」をとることで、サーバー間のパスコースが空いている状態。攻撃側2人へのパスに加えて、次のプレーの選択肢が増えている状況だ。

✖ サーバー間のパスコースが閉じている

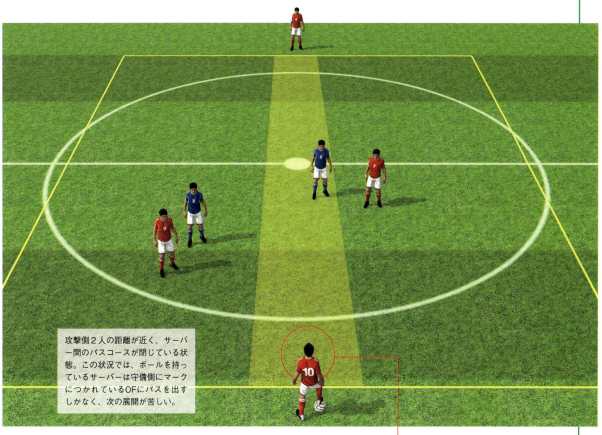

攻撃側2人の距離が近く、サーバー間のパスコースが閉じている状態。この状況では、ボールを持っているサーバーは守備側にマークにつかれているOFにパスを出すしかなく、次の展開が苦しい。

🔍 サーバーの視野

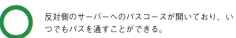 反対側のサーバーへのパスコースが開いており、いつでもパスを通すことができる。

🔍 サーバーの視野

 反対側のサーバーへのパスコースの間にDFがおり、パスを通すことができない。

soccer tactics 097

第4章

3対3

オフ・ザ・ボールの動きを身につける総まとめとして、「3対3」
のシチュエーションを解決する方法を学んでいく。大切なのは、
「3対3」から「2対2」や「2対1」など、より攻撃が仕掛けや
すい状況をつくり出すこと。ゴールに直結するプレーを覚えよう。

12 ▶ 3対3 ＋ 1GK

プルアウェイとインナーラップで「3対3」を攻略する

「3対3」の状況でのオフ・ザ・ボールの動きのポイントは、味方と連携してスペースをつくり、そして使うこと。ボールを持っていない選手が「次」の「次」を予測して動き出すことが必要になってくる。ここまで学んだ「1対1」から「2対2」のなかで出てきた動きを組み合わせて、相手の守備を崩していこう。もちろんその際、「この動きで攻略する」と決めきって動くのではなく、守備側の動きを見たうえで駆け引きを行うことが重要だ。

START POSITION

ペナルティーエリア内はオフサイドあり

練習方法

攻撃側3人、守備側3人、GK1人を配置する。グリッドは、ペナルティーエリアの幅より少し狭いくらいに設定。攻撃側と守備側のパス交換後、攻撃を開始する。

RULE

ペナルティーエリア内でのオフサイドあり。

check!

- ☐ 「幅」と「深み」をとる。
- ☐ 優先順位を判断する。
- ☐ 多くの情報を入れられる体の向きをつくる。
- ☐ 味方との連携。
- ☐ スペースをつくり、使う。
- ☐ 味方にボールが渡ったときの関わり方。
- ☐ 「次」の「次」を予測した動き出し。

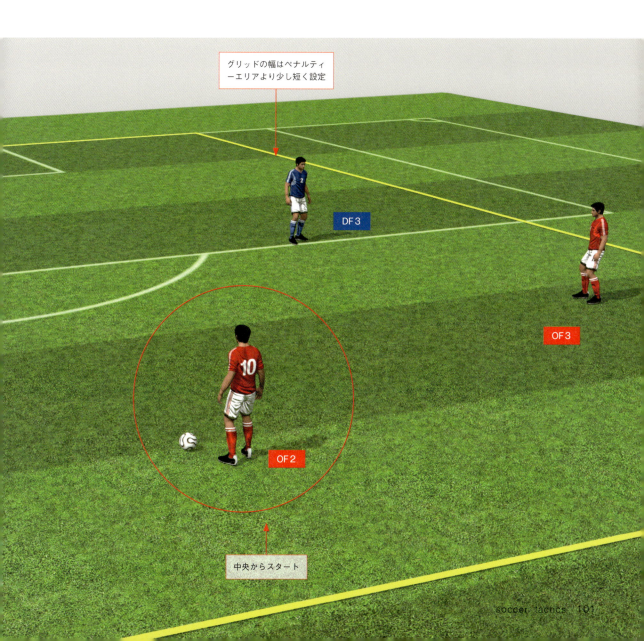

1st ACTION
プルアウェイとインナーラップでDFを動かす

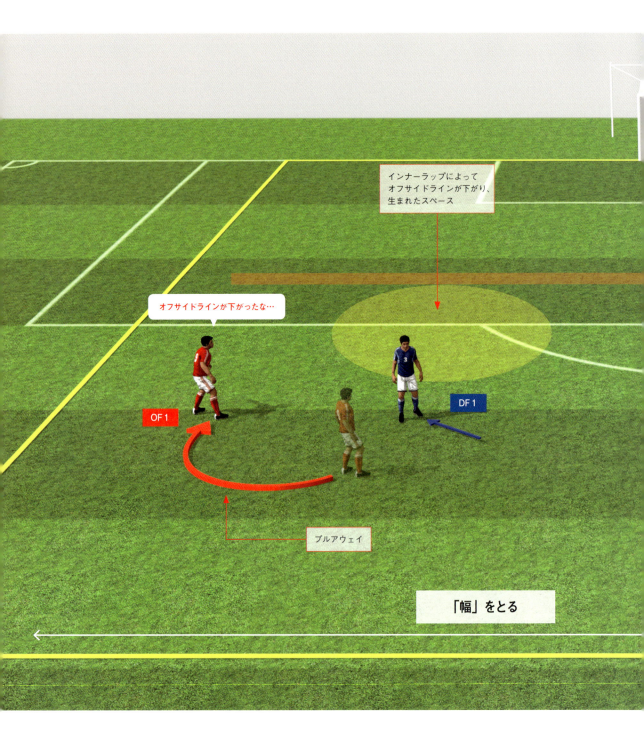

中央にいたOF②がインナーラップを仕掛けることで「深み」を、左サイドのOF①がプルアウェイでDF①から離れることで「幅」をとる。3人でトライアングルをつくるように動くことで、ブロックを形成していたDFラインに段差が生まれて、使えるスペースが生まれる。

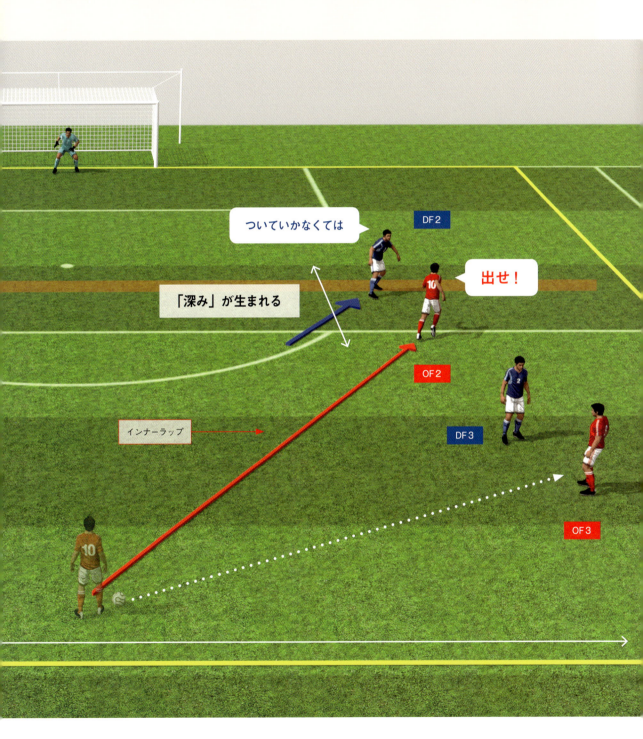

soccer tactics 103

1st ACTION

プルアウェイとインナーラップでDFを動かす（続き）

 横からの視点

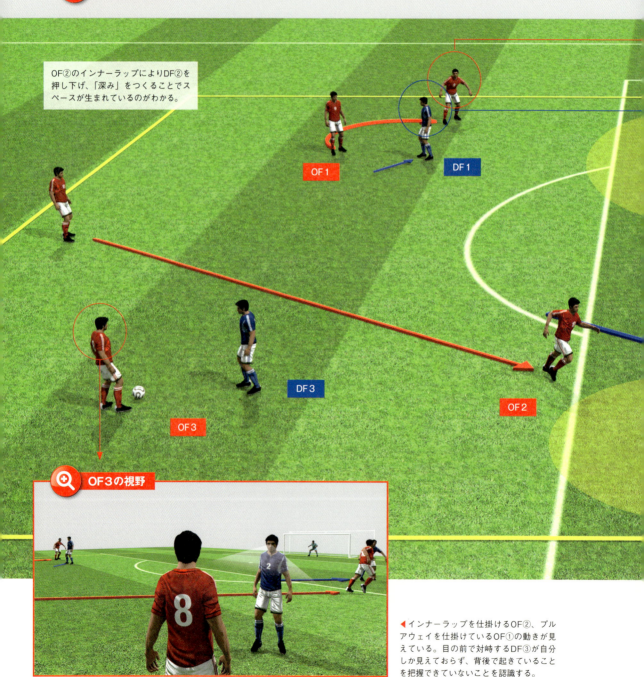

OF②のインナーラップによりDF②を押し下げ、「深み」をつくることでスペースが生まれているのがわかる。

OF3の視野

◀ インナーラップを仕掛けるOF②、プルアウェイを仕掛けているOF①の動きが見えている。目の前で対峙するDF③が自分しか見えておらず、背後で起きていることを把握できていないことを認識する。

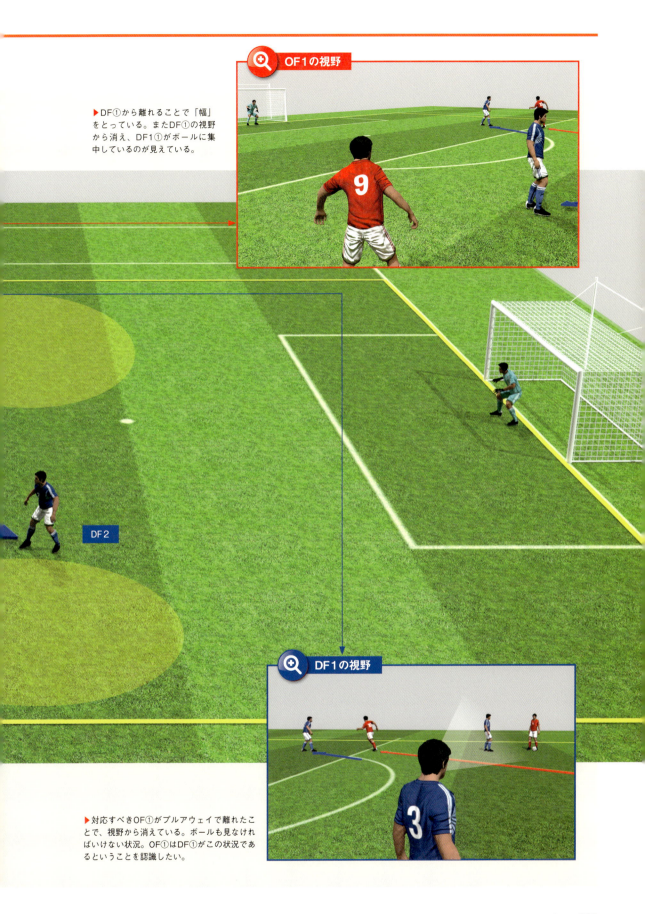

2nd ACTION
プルアウェイとインナーラップでつくった左スペースを使う

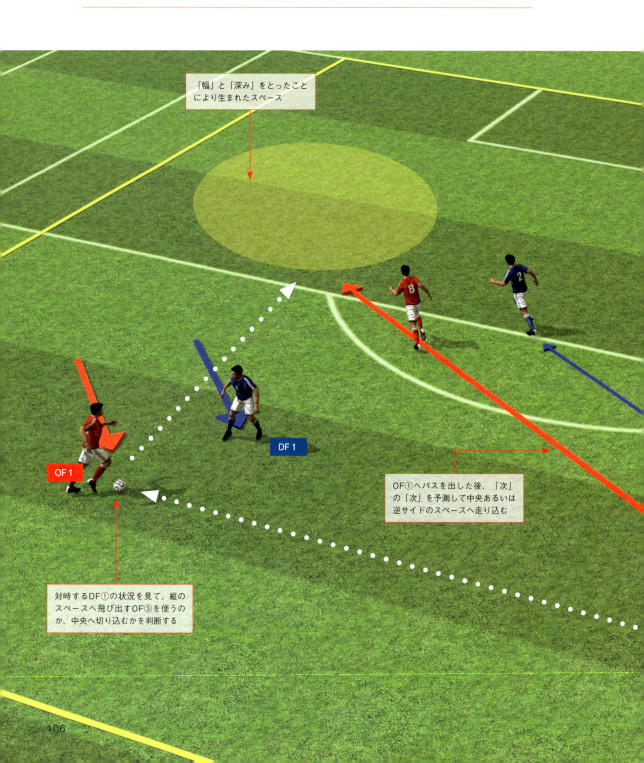

ボールを持っていた OF ③は、縦のスペースへインナーラップした OF ②が DF ②を振り切っているならシンプルに使う。使えなければ、左サイドで「幅」をとっていた OF ①へパス。OF ①は中央に少し戻りながら受けることで、縦のスペースを空けやすい。OF ③は、逆サイドへインナーラップを仕掛ける。OF ②は、OF ③がいなくなったスペースに戻って再びパスを受けてもいい。つまり、3人がプルアウェイとインナーラップで位置をローテーションしながら DF に隙が生まれるのを待つ形だ。

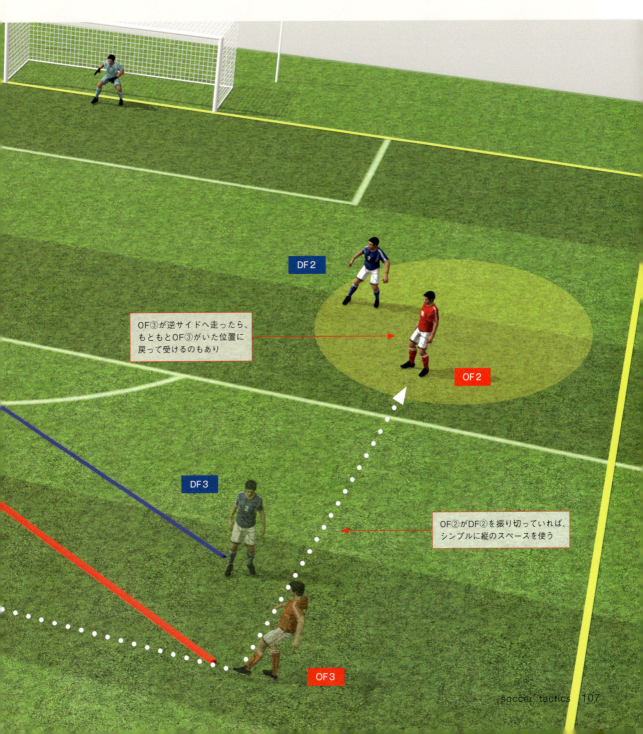

2nd ACTION
プルアウェイとインナーラップでつくった左スペースを使う（続き）

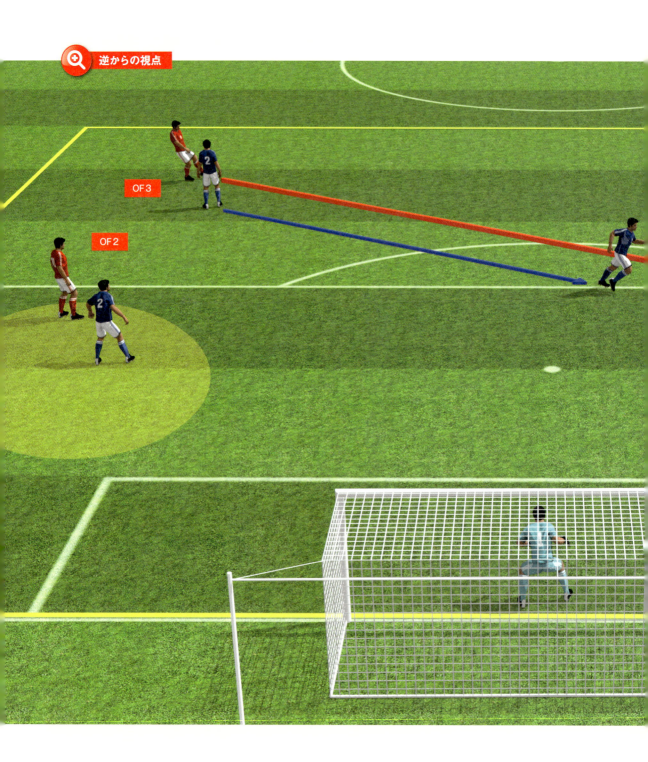

DF側から見た視点。基本的にはマンツーマンでマークについている。OF③はボールを保持するOF①とタイミングを合わせてスペースに動き出すことが必要になってくる。早すぎてもダメだし、遅すぎるとDF③につかまってしまう。スペースで受けるということで頭がいっぱいにならず、ボールや相手の状況を見て動き直すことが大切。

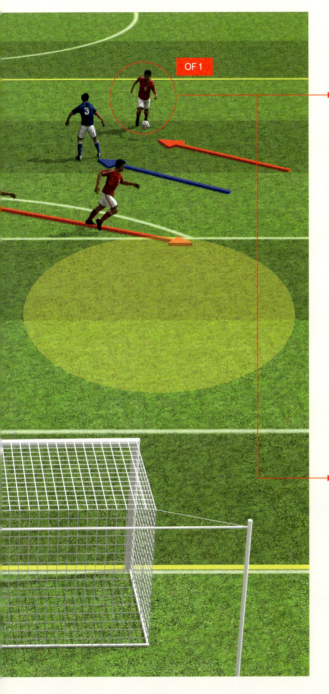

▲対峙するDF①が中央を切るような位置に立っていれば、縦のスペースにインナーラップで抜け出すOF③を使い、そのままシュートまで持っていきたい。ただし、DF③に先回りされているようであれば使わない選択肢もある。

▲もしOF①に対峙するDF①が縦方向を切っているようであれば、中央へドリブルを仕掛けるのもいいし、それにOF②が気づくのであればワンツーの壁となりOF①が縦に抜け出すのもいい。DFの動きを見て、駆け引きをして、次のアクションを選択することが大切。

soccer tactics 109

2nd ACTION

プルアウェイとインナーラップでつくった左スペースを使う（続き）

【OF②をポストに使った崩し】

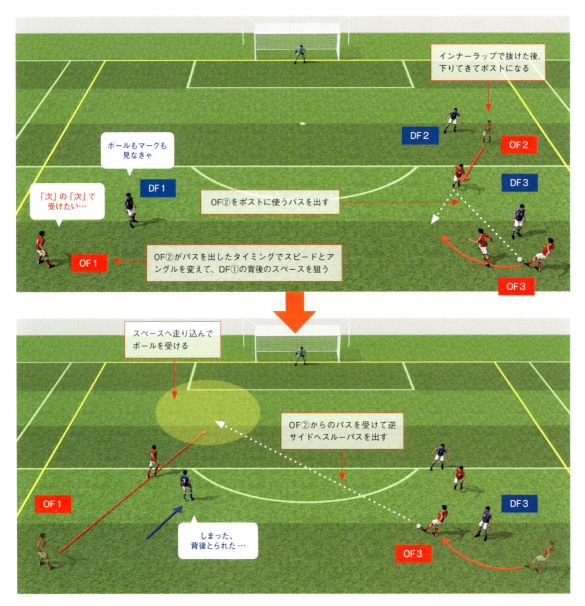

▲シンプルな動きではないが、インナーラップで「深み」をつくったOF②をポストに使ったパスをワンテンポ入れてから、逆サイドへスルーパスを出すパターンもあり。OF①はタイミングを図り、オフサイドに注意して飛び出す。OF②からOF③へのパスの際、DF①の注意を引きつけることができればOF①は裏へ抜け出しやすい。

BAD ACTION
▼

❌ 「幅」も「深み」もとらない

パスコースが1つずつしかない

OF1の視野

パスの出しどころがない…

▲3人が横並びになっており「幅」も「深み」もとれていない状態だと、パスコースは左右への1つずつしかなく、ボールホルダーの視野も相手しか見えない状態。この状態では相手を攻略することはできない。

⭕ 「幅」と「深み」をとっている

パスコースと使えるスペースが複数ある

OF1の視野

OF②にもOF③にもパスが出せる！

▲OF②が「深み」を、OF③が「幅」をとることでパスコースが生まれる。と同時に使えるスペースも生まれるので、「3対3」の状況を攻略しゴールへ向かうことができる。

13

▶ 3対3 + 1GK

オーバーラップで「3対3」を攻略する

1st ACTION

オーバーラップでDFを動かす

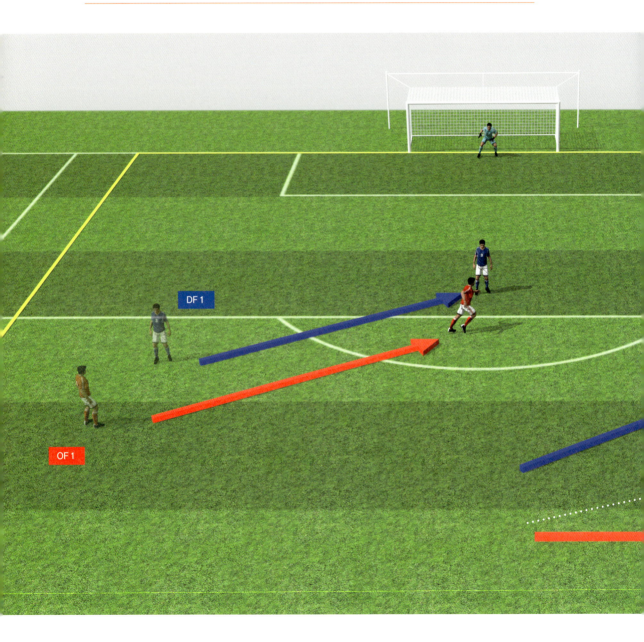

同じく「3対3」の攻略として、今度はオーバーラップを使った突破を紹介する。基本的な動き方のポイントとしては、「2対2」のところで説明した通り。「3対3」の状況から、より人数の少ない状況へ持ち込むことで攻略しやすくする。

ただし、オーバーラップを繰り出せば良いというわけではなく、相手の立ち位置を見て次の、そして次の次のアクションを判断していくことが大切。つねに先のアクションを想定して、ボールと人が動くようにしていこう。

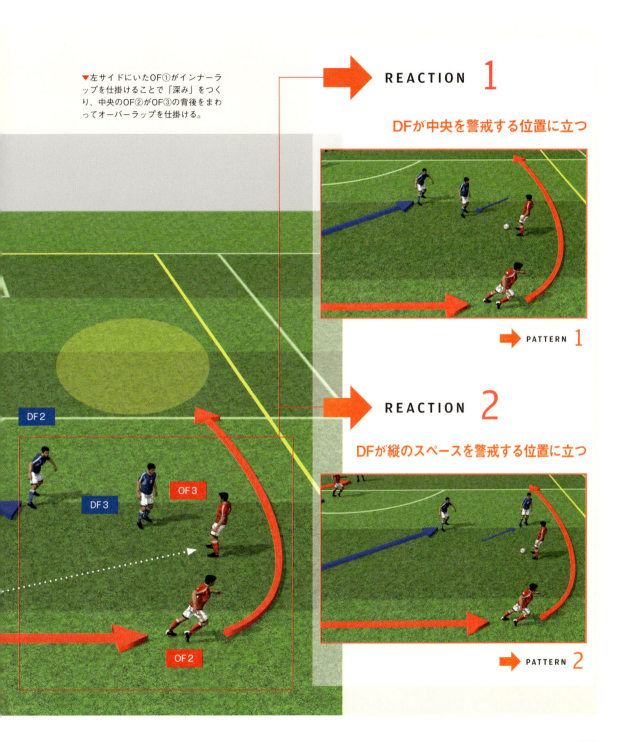

▼左サイドにいたOF①がインナーラップを仕掛けることで「深み」をつくり、中央のOF②がOF③の背後をまわってオーバーラップを仕掛ける。

REACTION 1
DFが中央を警戒する位置に立つ
PATTERN 1

REACTION 2
DFが縦のスペースを警戒する位置に立つ
PATTERN 2

soccer tactics

2nd ACTION
オーバーラップでつくったスペースを使う

PATTERN 1 縦のスペースを使う

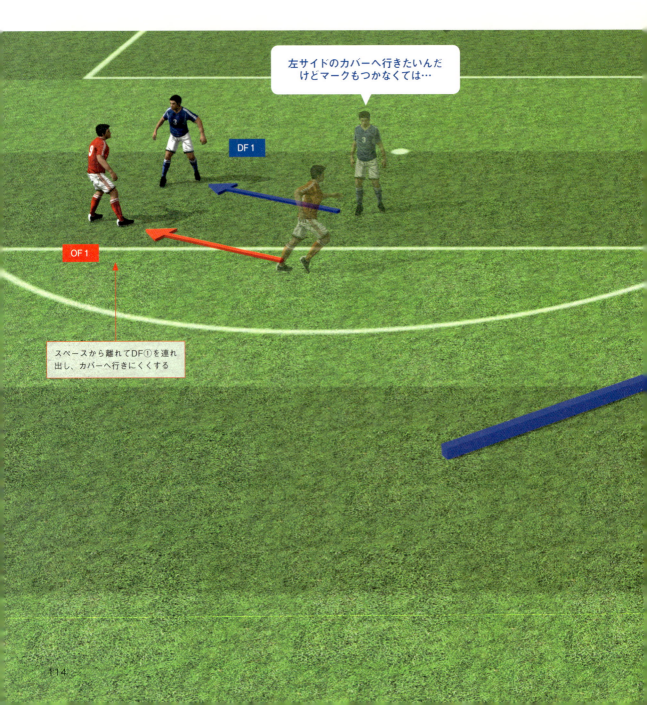

OF①をアシストする

　ボールを持つOF③に対応するDF③が中央を警戒する位置に立つのであれば、オーバーラップするOF②をシンプルに使う。中央にいるOF①は、スペースから離れることでDF①を引きつける。OF③へボールが渡ったとしても、DF①はカバーに行きにくくなる。もしカバーへ行ったら、OF①はフリーになる。

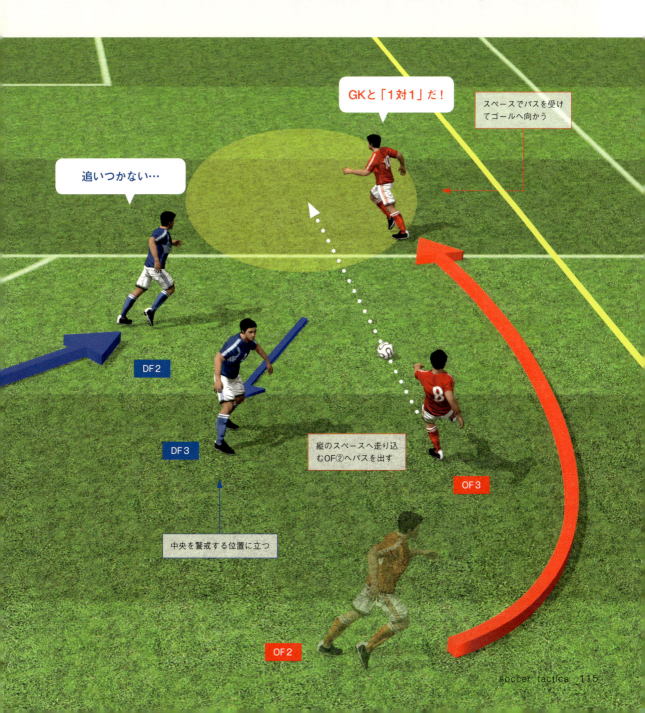

2nd ACTION

オーバーラップでつくったスペースを使う

PATTERN 2 　中央へ進入する

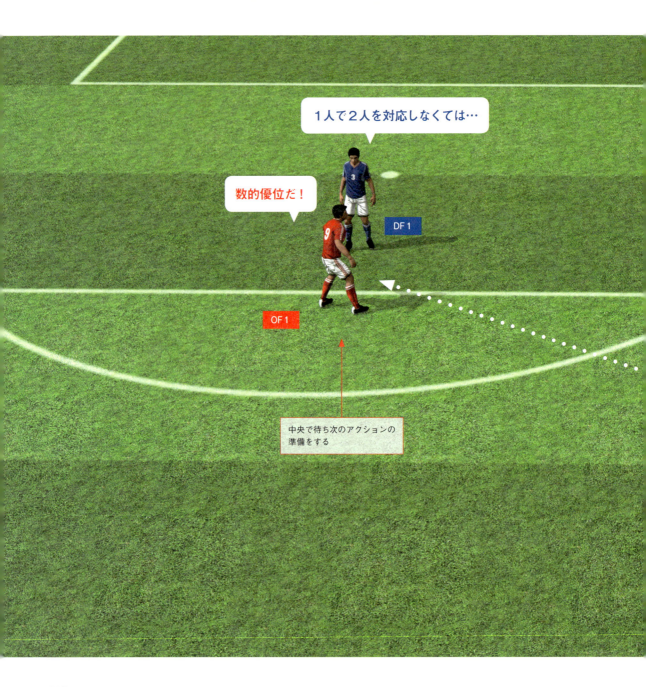

中央に運んで数的優位をつくる

Point

DF③はオーバーラップするOF②の動きが見えているため、縦のスペースを警戒する位置に立つ。そうなったら、OF③はよりゴールに近づく中央へドリブルで進入する。次のアクションとしては、OF①を経由して3人目の動きとして走っているOF②へパスを出す、あるいはOF①がプルアウェイなどでマークを外してOF③からのパスを受けてシュートへ持っていく。

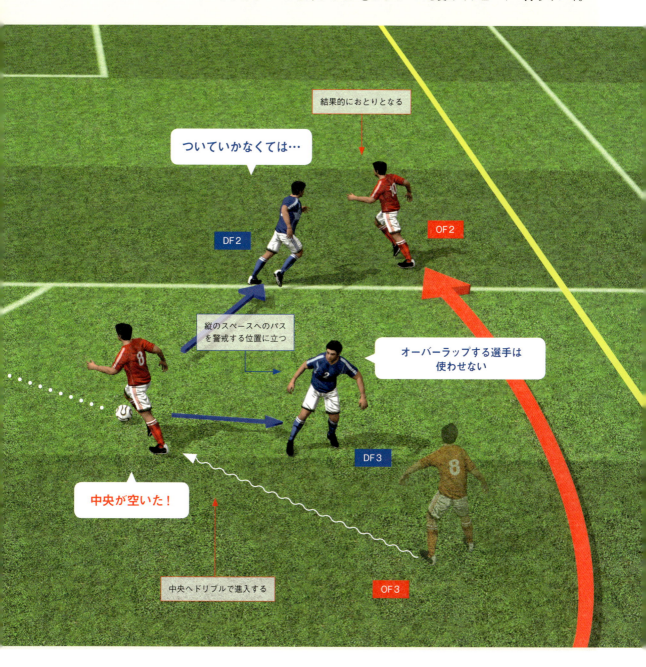

GOOD ACTION

◯ 「3対3」から「2対2」「2対1」の状況をつくる

【「2対2」と「1対1」に分かれる状況】

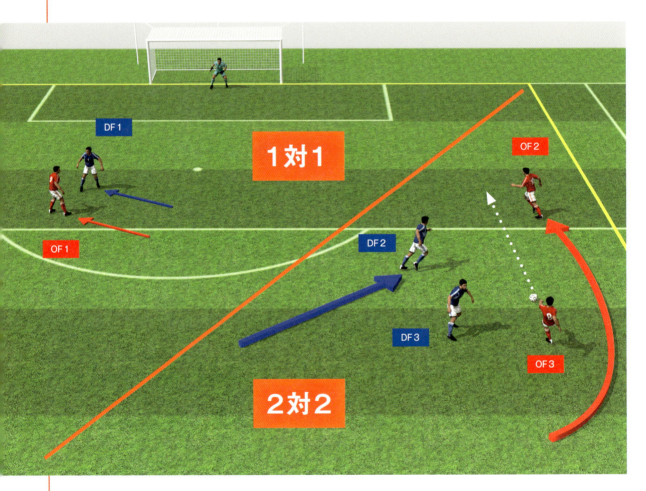

▲右サイドで「2対2」の状況をつくり出している。OF②がDF②を振り切っていれば、ゴール前ではOF①とDF①を含めた「2対1」の状況にすることもできる。

「3対3」(あるいはそれ以上)の状況を攻略する基本的な考え方は、より人数の少ない状況・より数的優位な状況を局所的につくり出していくことになる。人数が少ないほうがシンプルに考えることができ、突破が楽になるからだ。たとえばP114の状況であれば、OF②がオーバーラップを仕掛け、中央のOF①がDF①を引き連れることで右サイドで「2対2」の状況が生まれている。P116の状況においては、OF③が、オーバーラップしたOF②をおとりにして中央へボールを運ぶことで、中央で「2対1」の数的優位が生まれている。

【「2対1」と「1対2」に分かれる状況】

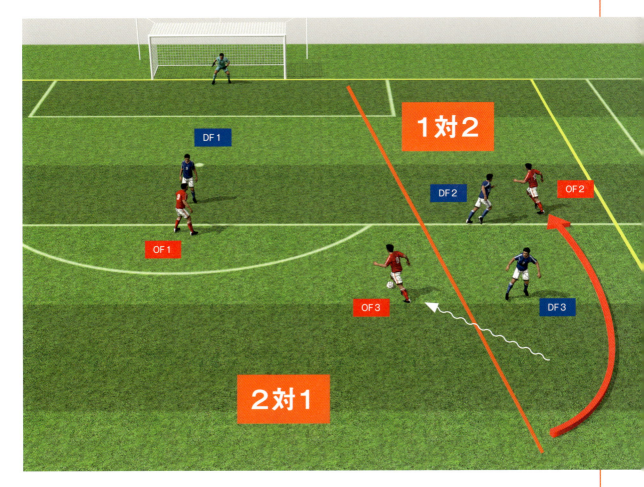

▲中央で「2対1」の状況をつくり出している。OF①が相手と駆け引きしてマークを外せば、ゴールはすぐそこだ。

GOOD ACTION

◯ 声で味方をサポートする

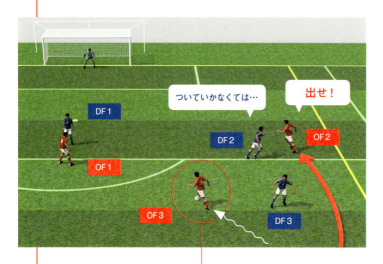

ボールホルダーの OF ③は、敵と味方のすべての状況が見えている位置に立っている。たとえば中央にいる OF ①へパスを出したときには、マークする DF ①の立ち位置が見えている。当然 OF ①が DF ①の位置を確認して次のアクションを判断することも大切だが、OF ③が「声のサポート」で次のアクションを指示することもできる。

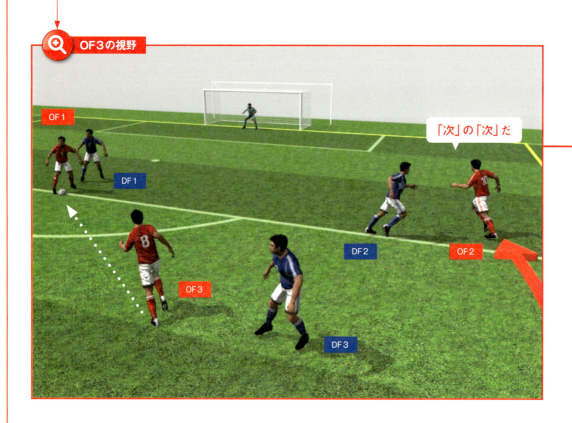

OF3の視野

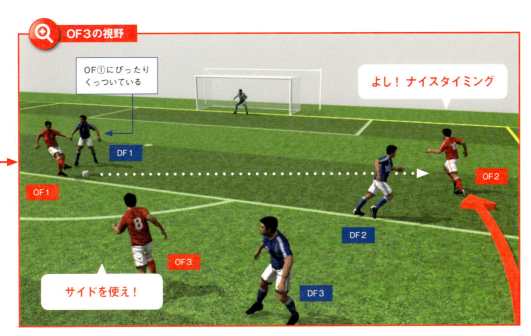

▲OF③はDF①がOF①にぴったりマークについているのが見えている。走り込むOF②へのパスの指示を出そう。

▲OF③は、DF①がサイドに走り込むOF②へのパスを読んでいるのが見えている。前を向かせる指示を出し、ゴールに向かってドリブルをさせよう。

14　▶ 2対1 ＋ 1対2 ＋ 1GK

深みを使った3人目の動きで「3対3」を攻略する

「3対3」を攻略する方法として、エリアを「2対1」と「1対2」の2つに分けた状況での練習を紹介する。エリアが分割されていることで、前方のエリアはFWと2人のCB、後方は中盤と役割がわかりやすく、また最初から「深み」ができている状態でのトレーニングとなる。エリアが狭まるぶん動きが制限されるが、プレッシャーがある状況でも攻撃側同士がイメージを共有しあって、タイミングを合わせることでDFラインを突破することは可能だ。

START POSITION

練習方法

攻撃側と守備側のパス交換後、練習を開始する。グリッドは、横幅はゴールエリアの幅。縦は2分割し、後方（中盤）は「2対1」、前方（FW）は「1対2」の状況でスタートする。

RULE

前方グリッドへの進入方法（入れる人数の制限、パスでの進入のみなど）、またオフサイドはペナルティーエリア内のみなど制限する。

check!

- □ パスの受け手は体の向きをつくる。
- □ 相手と駆け引きする。
- □ 次の次の展開を予測する。
- □ 仲間とイメージを共有する。
- □ 仲間と連携してスペースをつくる。
- □ 仲間と連携してスペースを使う。

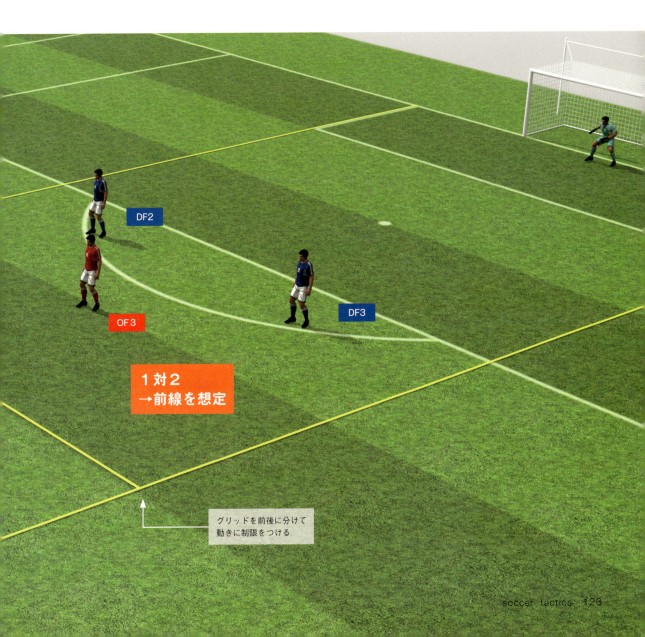

1対2
→前線を想定

グリッドを前後に分けて動きに制限をつける

1st ACTION

中盤のラインを突破してスペースを突く

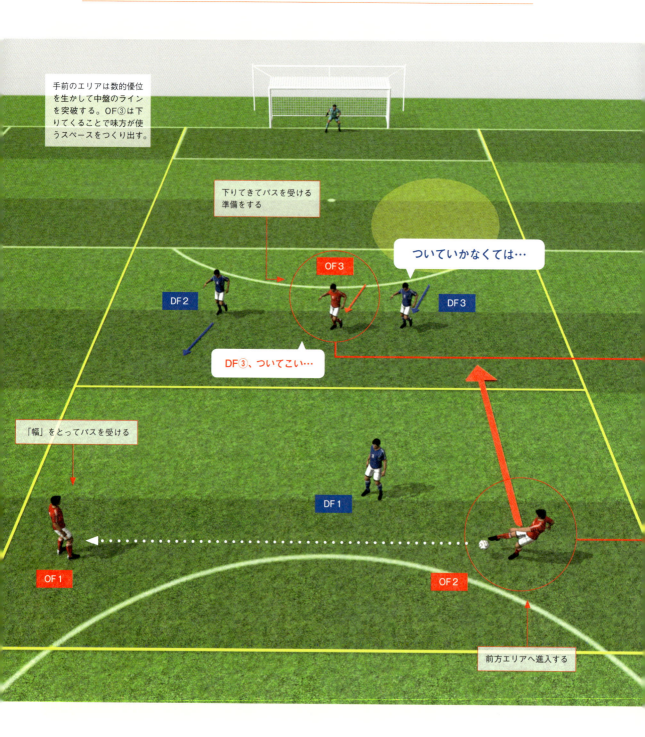

▲OF③は、DF③がついてくるように下りてパスを受ける。そうすることで、背後にスペースをつくり出す

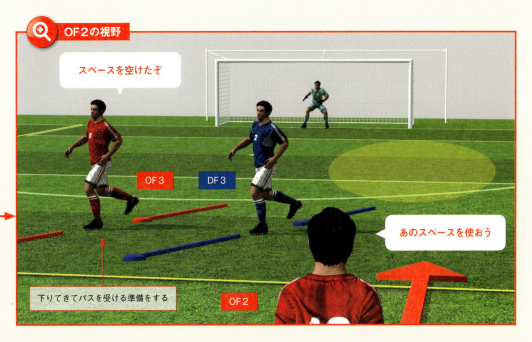

▲OF②は、OF③が下りていくことでDF③がついていき、その背後にスペースができたことを認識する。

soccer tactics 125

FWが下りてスペースをつくる

◀現状ではスペースがないため、OF③が手前に下りることで背後にスペースをつくる

▼OF③が下りることでスペースができるので、OF②はそのスペースを使う意識を持つ。DFはスペースをつくらないためにはOF③と距離をとればいいが、そうするとOF③へパスが出た際に前を向かれてより危険な状況になるので、ついていくしかない。

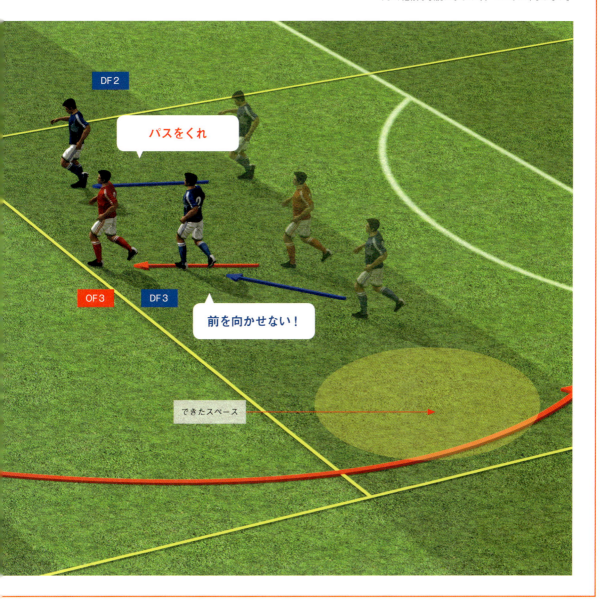

2nd Action

深みを使った3人目の動きで「3対3」を攻略する

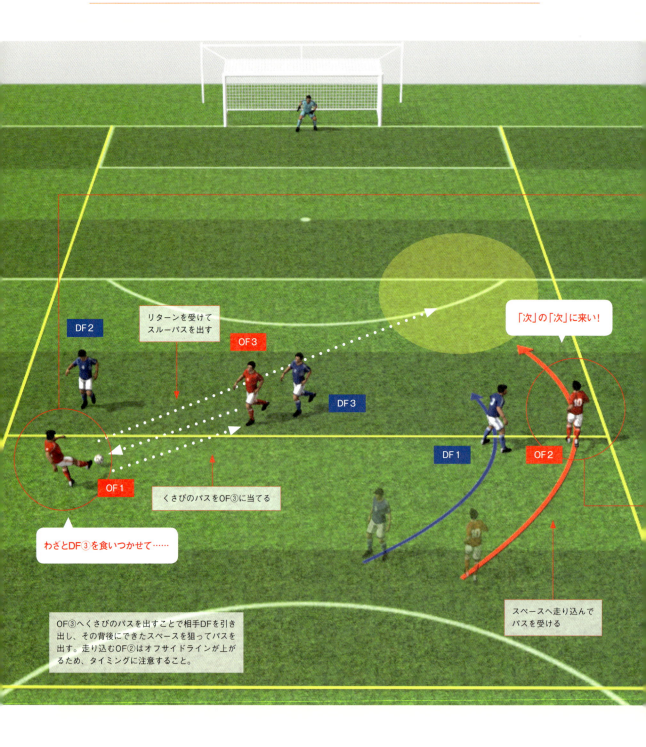

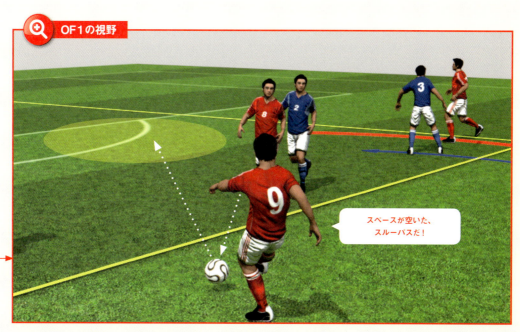

▲一度OF③FWに当てることで、DF③を食いつかせる。DF③がボール方向に動いてくるのと逆を突くようにスルーパスを出す

▲OF①とOF③のパス交換のタイミングと合わせ、OF②はDFラインの背後にオフサイドラインに注意して飛び出す

soccer tactics 129

Point

くさびのパスでDFを引きつける

OF③へのくさびのパスを出す意味は、DFを引きつけること。もしパスに対してDFが寄せなかった場合、OF③は簡単に前を向いて、よりゴールに近い位置でプレーできるので、DFは前を向かせないために寄せてくる。

【DFが寄せてくる】

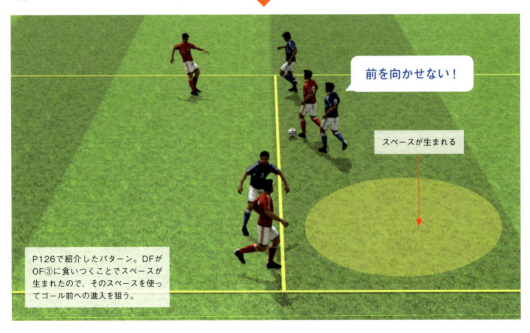

前を向かせない！

スペースが生まれる

P126で紹介したパターン。DFがOF③に食いつくことでスペースが生まれたので、そのスペースを使ってゴール前への進入を狙う。

【DFが寄せてこない】

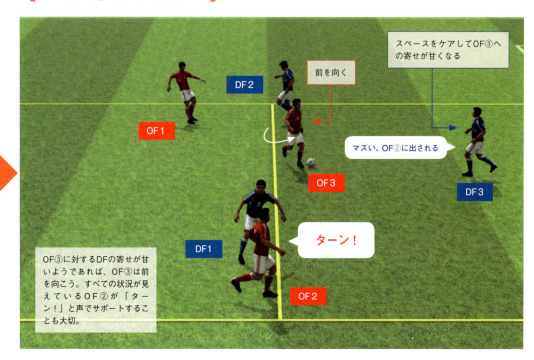

OF③に対するDFの寄せが甘いようであれば、OF③は前を向こう。すべての状況が見えているOF②が「ターン！」と声でサポートすることも大切。

 OF3の視野

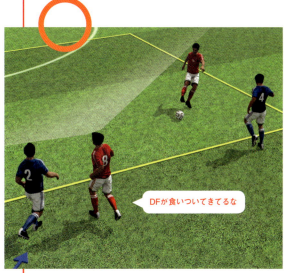

▲背後のDFがついてきているのかついてきていないのか、把握できる体の向きでパスを受けに下りる。

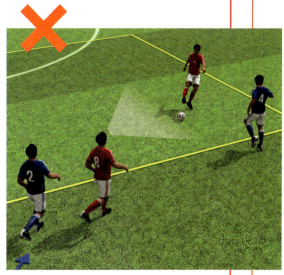

▲下りることだけに集中して完全にOF①のほうを向いてしまうと、DFが背後にいるのか把握できない。

15 ▶ 3対3（6ゴール）

トレーニングで学ぶ「3対3」のオフ・ザ・ボール

RULE

ペナルティーエリアよりやや狭いグリッドの中で「3対3」のミニゲームを行う。左右と中央の6ヶ所にコーンでゴールをつくり、その間をドリブルで突破したら1点とする。

チームとして狙いを明確に

3つのゴールがあるのでどこを目指してもいいが、3人のイメージを合わせることが大切。漠然とボールを回していてもオフ・ザ・ボールの動きは身につかない。守備側の動きをよく見て、空いているゴールを確認し、スペースをつくって使いながら突破を目指す。

「3対3」の攻略法を身につけるトレーニングとして、6つのゴールを置いたトレーニングを紹介する。攻撃側は3つのどのゴールを目指してもいい。ゴールをドリブルで突破したら1点だ。ゴール前でも、中盤でも使えるシチュエーションを想定している。ただ漠然とボールを回しながら空いているゴールを目指すのではなく、チームの中で意思統一をしてどのゴールを目指すのか明確にしていくのが大切。これまでのオフ・ザ・ボールの動きの総まとめとして取り組んでみよう。

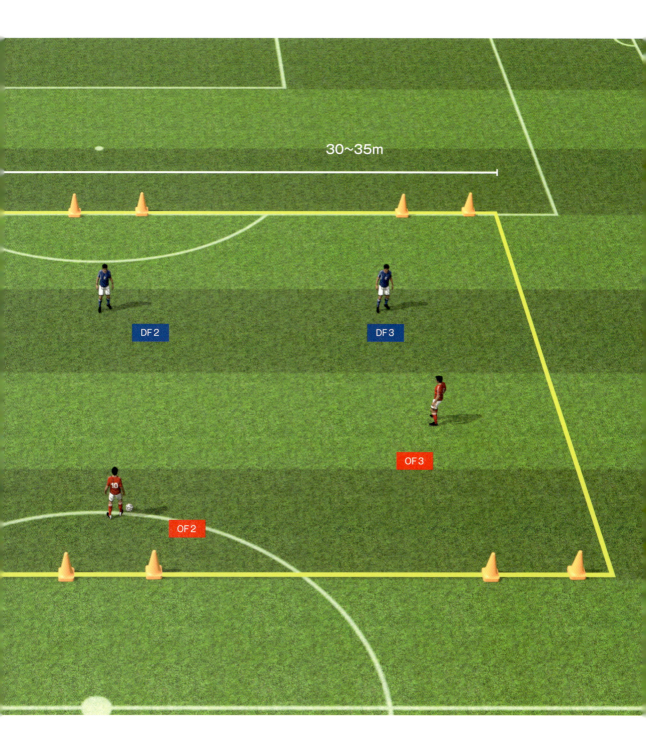

GOOD ACTION

〇 ボールと反対側の選手のインナーラップ

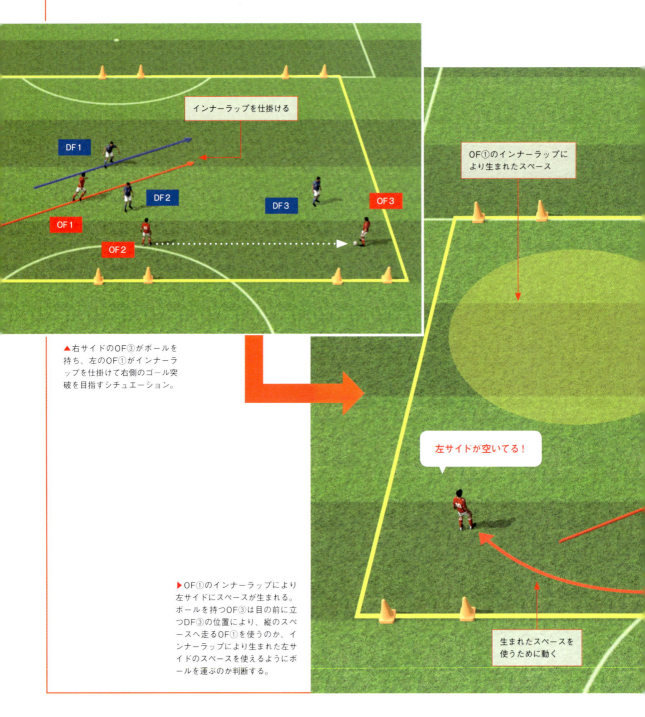

▲右サイドのOF③がボールを持ち、左のOF①がインナーラップを仕掛けて右側のゴール突破を目指すシチュエーション。

▶OF①のインナーラップにより左サイドにスペースが生まれる。ボールを持つOF③は目の前に立つDF③の位置により、縦のスペースへ走るOF①を使うのか、インナーラップにより生まれた左サイドのスペースを使えるようにボールを運ぶのか判断する。

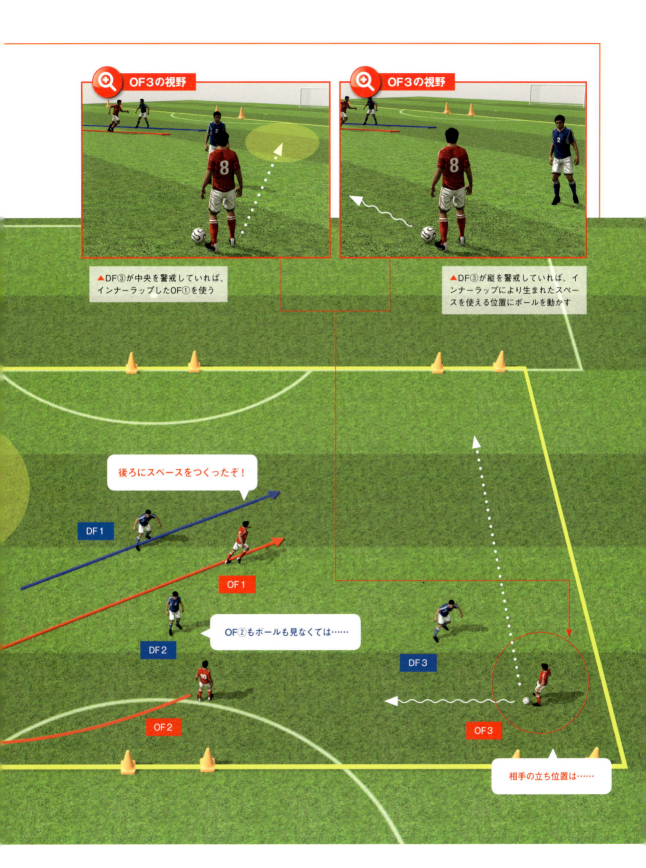

soccer tactics 135

BAD ACTION
✗ 生まれたスペースを認識していない

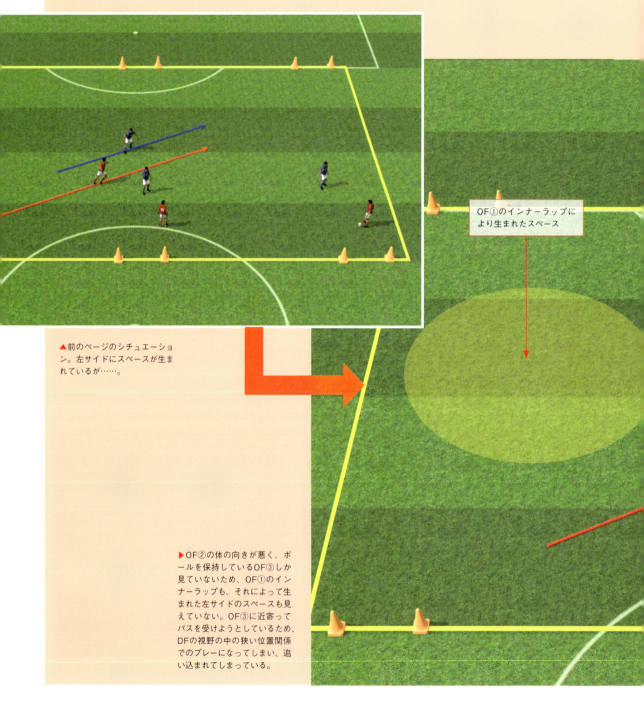

▲前のページのシチュエーション。左サイドにスペースが生まれているが……。

OF①のインナーラップにより生まれたスペース

▶OF②の体の向きが悪く、ボールを保持しているOF③しか見ていないため、OF①のインナーラップも、それによって生まれた左サイドのスペースも見えていない。OF③に近寄ってパスを受けようとしているため、DFの視野の中の狭い位置関係でのプレーになってしまい、追い込まれてしまっている。

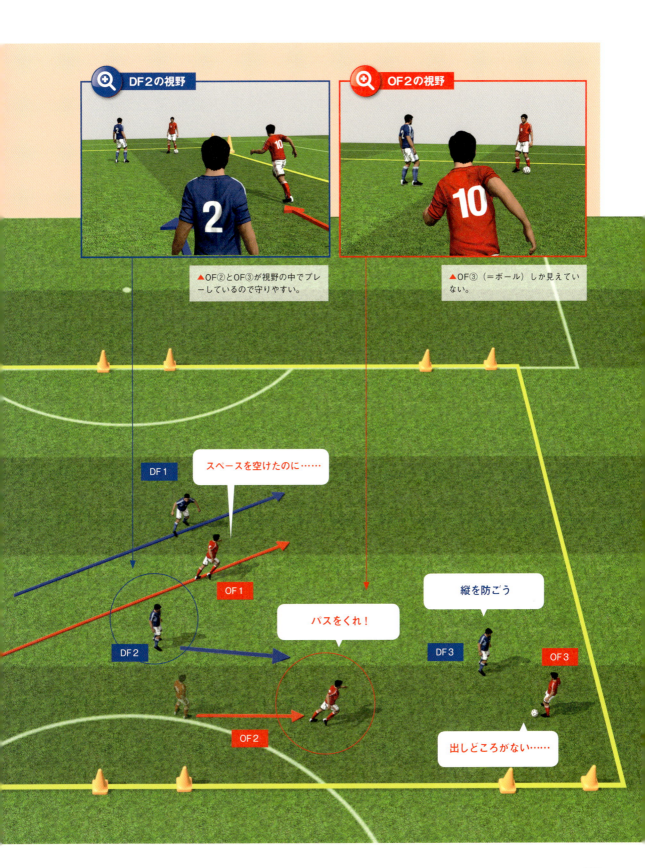

GOOD ACTION

◯ プルアウェイとオーバーラップをキーにして攻略

▲中央のOF②から右サイドのOF③へパス。OF③は中央に寄りながら受ける。左サイドのOF①はプルアウェイで左奥のスペースを狙う。OF②はOF③の後ろへオーバーラップを仕掛ける。

▶OF②のオーバーラップでDF②を引き連れることで中央にスペースができるので、DF1がボールウォッチャーになっているようであれば、左サイドからOF①はそのスペースに進入する。ボールを持つOF③はそこへパスを出してもいいし、シンプルにオーバーラップするOF②を使ってもいい。

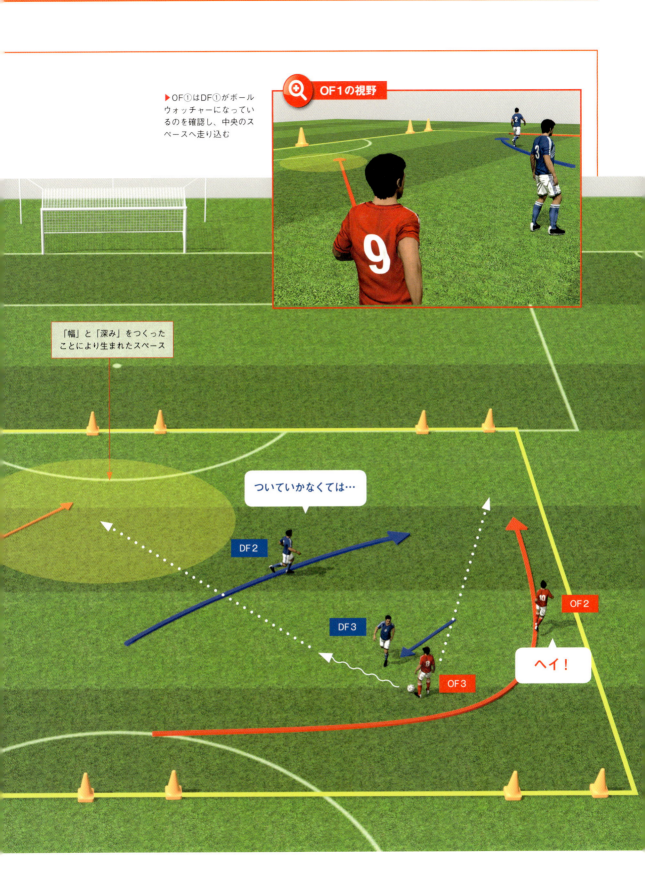

BAD ACTION

 生まれたスペースを使わない

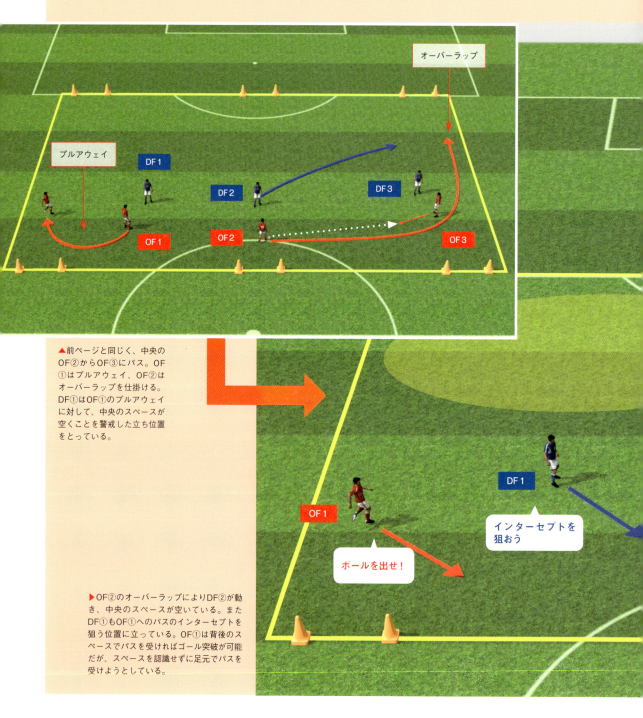

▲前ページと同じく、中央のOF②からOF③にパス。OF①はプルアウェイ、OF②はオーバーラップを仕掛ける。DF①はOF①のプルアウェイに対して、中央のスペースが空くことを警戒した立ち位置をとっている。

▶OF②のオーバーラップによりDF②が動き、中央のスペースが空いている。またDF①もOF①へのパスのインターセプトを狙う位置に立っている。OF①は背後のスペースでパスを受ければゴール突破が可能だが、スペースを認識せずに足元でパスを受けようとしている。

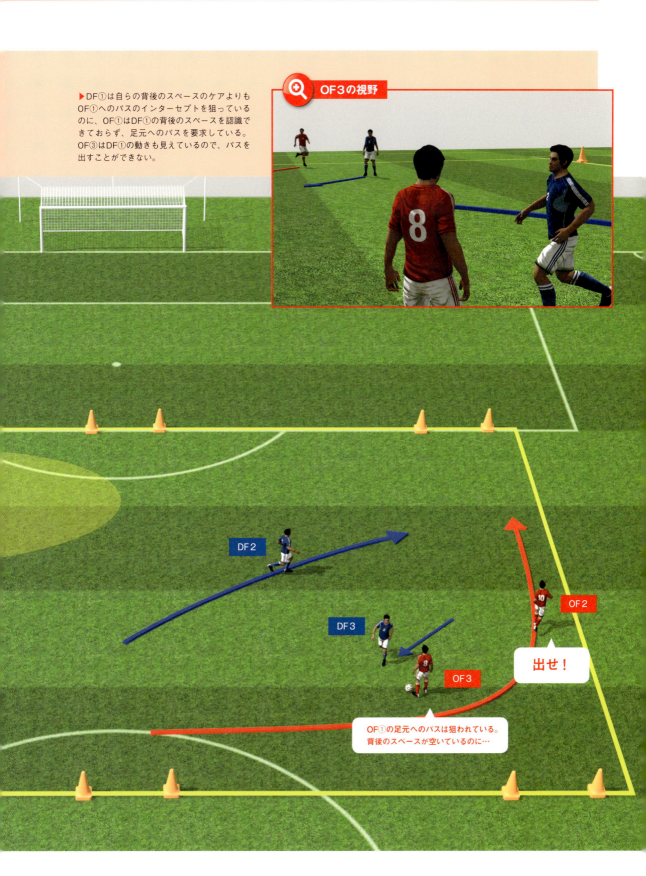

おわりに

　これまでの指導者としてのキャリアの中でさまざまな選手を直接指導したり、映像などでプレーを分析したりしてきましたが、オフ・ザ・ボールの動きが抜群にうまいなと思った選手の筆頭は、清水エスパルスに所属していたときに指導した岡崎慎司（2018－2019シーズンまでレスター・シティＦＣ＝イングランドに所属）でした。

　私がエスパルスのコーチに就任したその年に彼は滝川第二高校から加入したのですが、まだ若いこともあり、当時の長谷川健太監督（現・ＦＣ東京監督）の評価はチームにいた８人のＦＷのうち８番目でした。決して技術力がある選手ではなく、ボールを持っても特別に他の選手より優れたプレーをするわけではありません。ところがトレーニングやゲームの中で彼のプレーを見ていると、他の選手がボールを持っているときには消えていて、ゴールに近づくと急に現れて得点を奪っていく。そういう瞬間的なプレーが抜群にうまい選手でした。プロ３年目には完全にチームのレギュラーに定着し、北京オリンピック日本代表、そしてＡ代表にも召集され、その後、海外クラブへ移籍も果たした活躍ぶりはみなさんご存知の通りかと思います。

　またプレーを分析する中で、元日本代表でありガンバ大阪などで活躍した大黒将志（栃木ＳＣ）も岡崎と同じように、オフ・ザ・ボールの動きに長けた選手でした。彼がガンバに所属していたときには二川孝広（ＦＣティアモ枚方）という優れたパサーが中盤にいました。彼らに対応したＤＦに話を聞くと、「捕まえようがない」と言うのです。完璧なタイミングでＦＷが動き出し、ＭＦが寸分の狂いなくそこへパスを出せば、相手ＤＦは止めようがありません。

彼らのプレーを見て、ドリブルやシュートがうまいのと同じくらい、いやそれ以上にオフ・ザ・ボールの駆け引きで相手に勝ち、スペースを見つけて侵入し、ゴールを奪っていく能力こそ大切なのだと気づきました。それまではボールコントロールに長けた選手を重視して指導を行ってきましたが、岡崎や大黒のような選手にも目を向けるようになりました。

　私は現在、筑波大学で指導を行っていますが、選手たちによく言うのは「技術やフィジカルで敵わない選手はいるかもしれないが、オフ・ザ・ボールの動きは誰でもやるべきことをやり、意識を向ければできる」ということです。「はじめに」でも書いた通り、オフ・ザ・ボールの動きは感覚に頼る部分が大きいかもしれませんが、その動きを言葉で定義し、共有し、整理していくことはできると思っています。この点は、今の日本のサッカーの課題かもしれません。

　今回は攻撃におけるオフ・ザ・ボールにスポットライトを当てましたが、立場を変えれば、守備側にとっても学びは多いものであると思います。攻撃側が「この動きをすれば点を獲れる」という攻略法の一冊ではなく、あくまで、相手との駆け引きをするうえでのポイントを解説したまでです。ぜひ、ＤＦの選手も読んでみてください。

　改めて、ここまでお読みいただきありがとうございました。もしこの本が指導者、選手の方々の助けとなり、日本のサッカーの発展につながるのであれば幸いです。

小井土正亮

＊本文中の選手の所属は、2019年5月現在のものです

小井土正亮
こいど・まさあき

1978年生まれ、岐阜県出身。筑波大学体育系助教、筑波大学蹴球部監督。
岐阜県立各務原高等学校を卒業後、筑波大学体育専門学群に進学。在学中は大学3年次と4年次に全日本大学サッカー選手権大会で準優勝の実績を残す。卒業後は大学院に在籍しながら、水戸ホーリーホックで1年間のプロ生活を送った後に引退。修士2年次に筑波大学蹴球部のヘッドコーチに就任。2004年に柏レイソルのテクニカルスタッフ、2005年に清水エスパルスのアシスタントコーチ、2013年にガンバ大阪のコーチとして活躍。2014年に筑波大学蹴球部にヘッドコーチとして復帰。2016年12月に行われた全日本大学サッカー選手権大会では13年ぶりの優勝を果たした。

デザイン・図版制作／黄川田洋志、井上菜奈美、石黒悠紀（有限会社ライトハウス）
編　　　集／杉園昌之
　　　　　　木村雄大（有限会社ライトハウス）

マルチアングル戦術図解
サッカーの戦い方
ディフェンダーとの駆け引きに勝つオフ・ザ・ボール

2019年6月10日　第1版第1刷発行

著　　者／小井土正亮
発 行 人／池田哲雄
発 行 所／株式会社ベースボール・マガジン社
　　　　　〒103-8482
　　　　　東京都中央区日本橋浜町2-61-9　TIE 浜町ビル
　　　　　電話　　　03-5643-3930（販売部）
　　　　　　　　　　03-5643-3885（出版部）
　　　　　振替口座　00180-6-46620
　　　　　http://www.bbm-japan.com/

印刷・製本／広研印刷株式会社
©Masaaki Koido 2019
Printed in Japan
ISBN978-4-583-11156-8　C2075

＊定価はカバーに表示してあります。
＊本書の文章、写真、図版の無断転載を禁じます。
＊本書を無断で複製する行為（コピー、スキャン、デジタルデータ化など）は、私的使用のための複製など著作権法上の限られた例外を除き、禁じられています。業務上使用する目的で上記行為を行うことは、使用範囲が内部に限られる場合であっても私的使用には該当せず、違法です。また、私的使用に該当する場合であっても、代行業者等の第三者に依頼して上記行為を行うことは違法となります。
＊落丁・乱丁が万一ございましたら、お取り替えいたします。